核心素养 "育儿日记"

博士后妈妈智慧育儿经

左璜 著

天津出版传媒集团

天津人民出版社

图书在版编目（CIP）数据

博士后妈妈智慧育儿经：核心素养"育儿日记" /
左璜著. —— 天津：天津人民出版社，2020.11（2023.12 重印）
ISBN 978-7-201-16578-3

Ⅰ. ①博… Ⅱ. ①左… Ⅲ. ①家庭教育 Ⅳ. ①G78

中国版本图书馆 CIP 数据核字(2020)第 205897 号

博士后妈妈智慧育儿经：核心素养"育儿日记"
BOSHIHOU MAMA ZHIHUI YUER JING：HEXIN SUYANG "YUERRIJI"

出　　　版　天津人民出版社
出 版 人　刘　庆
地　　　址　天津市和平区西康路 35 号康岳大厦
邮 政 编 码　300051
邮 购 电 话　(022)23332469
电 子 信 箱　reader@tjrmcbs.com

责 任 编 辑　吴　丹
装 帧 设 计　明轩文化·李晶晶
　　　　　　　TEL:123674746

印　　　刷　天津新华印务有限公司
经　　　销　新华书店
开　　　本　880 毫米×1230 毫米　1/32
印　　　张　7
字　　　数　168 千字
版 次 印 次　2020 年 11 月第 1 版　2023 年 12 月第 4 次印刷
定　　　价　42.00 元

序一

核心素养，应从娃娃抓起

林崇德

因研制中国学生核心素养体系，我认识了左璜。初识时，据我所知，她还未成为一位母亲。随着核心素养的不断深入，左璜在课题研究中逐渐表现出对核心素养研究的热情，积极主动思考，提出了许多富有价值的观点。让人惊喜的是，在中国学生核心素养指标体系构建完成之时，左璜也成了一位母亲；更让人意想不到的是，左璜能将"核心素养"的研究成果与自己的育儿实践结合起来，因而也就有了这本著作的诞生，可喜可贺。

中国学生核心素养作为党和国家教育方针的细化与具体化，它本质上就是中华民族回应时代变革所构建的育人目标，它的确需要从娃娃抓起。那么究竟如何对娃娃进行核心素养的培育呢？左璜通过自己的经验和反思，总结了许多可供借鉴参考的方式方法，值得大家学习。与左璜共事的过程中，我便感受到了她的"用心"。不管是研究，还是育儿，"用心"是最重要的。

用心育儿：花心思

读左璜的每篇"育儿日记"，都能深切感受到她育儿是花了心思的。何以见得？首先，她遵循科学育儿的原则，根据孩子的年龄特点和个性特征，给孩子合理选择和设计各种游戏活动，开发立体的课程内容。即便是陪孩子看动画片，也不随意，而是精心选择，并以动画形象为基础，开发声音、图像、玩偶、读本等相互关联的系统性课程内容，强化孩子的立体认知，帮助孩子更好地形成概念体系。其次，她十分用心地观察孩子的日常表现，坚持记录孩子日常的点滴表现，真实的事实描述增强了育儿经验的可靠性，这样宝贵的一手资料能让读者更容易回归生活世界，理解育儿情境，进而实现借鉴和学习。可以说，"科学育儿"是核心素养为本育儿的本质之一。

用心育儿：懂方法

我相信，爱孩子是天底下父母所共有的。然而，并非每个爱孩子的家长都懂得爱孩子的方法。左璜在自己的育儿实践中，摸索出了很多有效的方法。例如，让孩子去动物园，通过任务布置，让孩子拍10张动物的照片，仔细观察园内动物，重点观察动物吃什么？拉的便便是什么形状的？就能引导孩子更好地游玩动物园；面对孩子的执拗，妈妈巧妙地采用"以退为进"的方法，便能化险为夷；面对孩子发怒，妈妈认真地教给孩子发脾气的方法，让孩子文明地表达和发泄自己的不良情绪……这些方法都启示我们，只有读懂儿童，采用符合儿童心理发展水平和特征的方法，才能更好地促进儿童的健康成长，这是值得家长们借鉴的。

用心育儿：有原则

成长中的幼儿，特别是0—6岁的孩子，以感性认知为主，容易出现情绪不稳定的现象。因此，针对这种儿童的特殊性，左璜一直在育儿过程中坚持一定的原则。例如：当孩子出现"畏难情绪"时，家长应该怎么做？妈妈应坚持底线原则，和善而坚定地帮助孩子化解这些情绪；面对孩子出现"不文明"的行为，妈妈也是坚定原则，采用适当的"惩戒"来建立规矩。这都是非常有效的育儿方式，值得学习。核心素养为本的育儿最高原则当然是爱孩子。

愿我们天底下的父母都能像左璜一样用心育儿！

是为序。

2019 年 6 月 1 日

于北京师范大学

3

序二

智慧育儿:走向核心素养

何先友

左璜是我们心理学院的博士后。她刚入站时,我所认识的她虚心好学、热衷研究,由此我安排她进入了核心素养研究课题研究组,没想到她通过自己的努力,实现了理论与实践的融合。

当我收到她递上的这本书稿时,顿时感到那沉甸甸的分量。可以说,这份书稿来之不易。平时,她的工作是非常忙碌的,回到家还要忙着带孩子,时间非常紧张。在如此紧张的生活节奏中,她却能将理论研究所得、所思与育儿实践完美地结合起来,这的确需要智慧。

核心素养来自时代的需求,是教育发展到信息社会的必然产物,它内蕴着科学的选择、高效的过程管理等教育核心主题。面向未来,我们在育儿过程中,将会充斥着数不清的信息与资源,让家长们无所适从,该如何选择?该怎样坚持?只有回归育儿目标,重新审视孩子最应该发展的核心素养,才可能帮助家长们化解盲从与焦虑。左璜的《博士后妈妈智慧育儿经》给家长们提出了一种参考方案,坚定不移地围绕"幼儿核心素养"进行育儿实践。与此同时,如何才能培养起幼儿的核心素养?这里面更需要家长的智慧。遵循幼儿心理发展的规律,认识清楚儿童学习和发展的特点,左璜坚持"科学地管"与"有限地放"相结合,"适度地引"与"巧妙地导"相结合,从而更好地促进幼儿在自主发展、社会参与、文化基础三大核心素养方面的全面发展,是一次十分成功地将理论与实践相结合的教育研究。

翻开此书,各种鲜活的育儿案例,结合案例的深度反思,都能帮到各位家长获得育儿的智慧,值得拥有!

2019 年 6 月 1 日

于华南师范大学

写在正文前

"未来已来，将至已至。"全球化、信息化、智能化时代已然来临，人才观骤然发生变化，从技能型开始转向素养型。传统的教育模式是以培养知识型、技能型人才为目标，而未来则需要更多的是"个性化、创新型人才"，这也就给我们这一代家长带来了相当大的挑战。一方面，我们需要继续带着孩子适应现行教育体制和教育方式（变革需要时间）；另一方面，我们又需要具有危机感，时时处处关注孩子的未来适应性。

与此同时，由于信息技术的支持，学习对象与内容不断膨胀，许多家长和孩子都开始变得无所适从。家长们变得越来越焦虑，孩子们变得越来越忙碌，甚至于从宝宝还未出生开始，家长们就开始焦虑了：怎样才能让自己的宝宝更好地适应这个时代？于是，开始到处探寻"秘方"。然而，当铺天盖地的信息、各种育儿经验席卷而来时，家长们并没有变得轻松起来，反而加重了焦虑。可以说，现代化程度愈高，家长们的育儿压力也愈大，持续下去，将不堪重负。那么，该如何是好呢？我想，要想做好新时代的家长，有几个事情是应该努力做到的：

1.坚持核心素养为本的育儿。知识的新旧更替速度越来越快,我们和孩子们再努力也是难以跟上节奏的,所以我们需要的是重视那些综合性的素养,关注那些在未来时代也具有持续效应的素养,例如观察与专注力、思考与想象力、沟通与表达力、坚持与意志力,这是我所强调的育儿四素养。

2.坚持价值观导向的育儿。随着现代科学技术的迅速发展,未来时代难免就是"人机大战"的社会,在机器人盛行、大数据驱动下的智能时代,人类该如何生存?或许能够拯救自我的就是"价值观"了。没有价值观的导引,技术就可能会泛滥成灾;没有价值观的呵护,人类就有可能沦为工具或被技术奴役和控制,这就需要我们警觉。唯技术式的育儿再高效都可能是一种危险。

3.坚持创造性导向的育儿。"创新性"是人类在抗争大自然、抵抗神学之后迈向"新自由"的另一段征程。在这个时代,不光引领时代发展的是"创新型人才",其实真正实现"自我"的人也是"创新性人才",这就是大家所看到的"个性化"时代。个性化就意味着每个人都是一种创新。人人能够通过"创新"从而找到和发现"自我",最终实现"自我"。

4.坚持共同发展为本的育儿。作为新时代的家长,必须要坚守的一个育儿观,那就是"共同发展"。作为新时代中的一员,数字土著的我们这一代家长,也是需要不断学习和发展的。以什么方式去发展呢?不是割裂地离开孩子单独学习就是最佳选择,其实"协同发展"才是有效方式。我相信,家长们慢慢会意识到这一点的重要性。

目　录

自主发展素养 / 1

第一章　孩子的自我管理该怎么实现 / 3

一、耐心点儿，让孩子"自己来" / 3

二、"独立"使孩子成长 / 5

三、玩具不仅用来玩，更需要收拾 / 6

四、让孩子整理行李箱 / 8

五、认真教孩子"方法" / 10

六、让孩子对自己的生活负责 / 12

第二章　时间管理对幼儿来说，可能吗 / 16

一、给孩子一块手表 / 16

二、引导孩子做自己的规划师 / 17

第三章　给孩子设定合适的目标 / 20

一、学会给孩子布置任务 / 20

二、给孩子播下梦想的种子 / 22

三、怎样和孩子一起许下新年愿望呢 / 23

第四章　怎样培养孩子坚毅的品格 / 27

一、意志力应从小开始培养 / 27

二、孩子不容易坚持,怎么办 / 30

第五章　现代孩子最缺的是什么 / 33

一、现代孩子最缺"吃苦教育" / 33

二、帮助孩子克服"懒惰"心理 / 35

三、当孩子出现"畏难情绪"时 / 38

第六章　如何让孩子更加自信 / 40

一、感谢阳光自信的孩子 / 40

二、教孩子学会自我激励 / 42

三、孩子怯场,我们怎么办 / 43

第七章　当孩子闹情绪时,怎么办 / 46

一、面对出现分离焦虑的孩子 / 46

二、当孩子情绪崩溃时 / 47

三、请适当允许孩子"哭" / 49

四、认真教给孩子发脾气的方法 / 51

五、给孩子释放情绪的机会 / 52

第八章　如何让孩子安静下来 / 55

一、当孩子难以入眠时 / 55

二、孩子玩疯了停不下来,该怎么办 / 57

三、请温柔而坚定地带走 / 59

第九章　为什么孩子会表现出两面性 / 61

一、理解孩子的"两面性"表现 / 61

二、过年了,孩子反而表现不佳 / 62

三、我们遇见了爱"打人"的孩子 / 64

四、当孩子提出不合理要求时 / 66

五、孩子第一次"护怀" / 68

社会参与素养 / 71

第十章　爱国主义教育应从娃娃抓起 / 73

一、小小升旗手 / 73

二、清明节,我们这么过 / 74

三、不一样的端午节 / 76

第十一章　在"竞争"中培养孩子的合作精神 / 79

一、幼儿"竞争"意识萌芽的关键期 / 79

二、"我赢了"与"争第一" / 81

三、引导幼儿"竞争"心理健康的发展 / 83

第十二章　有效引导孩子学会沟通与表达 / 86

一、教给孩子"拒绝的艺术" / 86

二、孩子发怒吼叫该怎么办 / 87

三、培养孩子的"共情力" / 89

第十三章　给孩子的"自由"一定要有限 / 91

一、没有规矩,不成方圆 / 91

二、"约定"的神奇力量 / 92

三、给个信号让孩子知道你的限度 / 94

四、"规则"与"权威"的差异 / 96

第十四章　家长发脾气,有讲究 / 99

一、孩子犯错误,该不该惩罚 / 99

二、孩子受罚了,怎么办 / 101

三、留意孩子不良的习惯性行为 / 103

四、教育孩子过程中,你打过孩子吗 / 104

第十五章　如何有效地帮助孩子度过叛逆期 / 107

一、理解孩子也有被尊重的需要 / 107

二、尊重孩子的秩序敏感期 / 108

三、尊重孩子的选择 / 109

四、尊重孩子的独立人格和自我意识 / 111

第十六章　如何养育出"宽容大度"的孩子 / 114

一、重视孩子的"执拗敏感期" / 114

二、孩子真的会故意给家长找碴儿吗 / 115

三、教孩子做"大度"的人 / 117

四、从小培养孩子博大的胸怀 / 120

第十七章　爱劳动的孩子最美丽 / 122

一、新时代的劳动教育怎么做 / 122

二、带着孩子一起"大扫除" / 126

三、玩也要玩得有水平 / 127

第十八章　培养孩子的创造力 / 130

一、文化学习与创造力发展冲突吗 / 130

二、幻想的力量 / 133

三、知识学习是创造力发展的基础 / 134

文化基础素养 / 137

第十九章　适合儿童的学习方式 / 139

一、生活体验式学习 / 139

二、多维感官体验式学习 / 141

三、内隐式学习 / 142

四、反思式学习 / 144

五、愉快式学习 / 146

第二十章　儿童学习的典型问题与对策 / 150

一、孩子不愿意坐下来学习，怎么办 / 150

二、孩子好动，就是得了多动症吗 / 151

三、为什么孩子会写反字 / 153

四、孩子成长的轨迹并非线性 / 154

第二十一章　引导孩子爱上语言与阅读 / 157

一、交流的语言水平影响孩子的语言发展 / 157

二、请千万不要错过孩子双语学习的关键期 / 158

三、不会英语的家长怎么启蒙孩子 / 160

四、怎样才能让孩子喜欢上英文绘本 / 162

第二十二章　阅读是启蒙学习的重中之重 / 164

一、阅读需要坚持 / 164

二、有效的亲子共读 / 166

三、怎样给孩子选书 / 169

第二十三章　育儿就是培养气质 / 171

一、气质培养的关键在早期教育 / 171

二、儿童的艺术气质如何养成 / 172

三、不懂音乐的家长如何进行音乐启蒙 / 175

第二十四章　呵护儿童的诗性 / 178

一、儿童就是天生的诗人 / 178

二、陪孩子诗意地栖居 / 180

三、在"单调"生活中寻找幸福 / 183

第二十五章　让孩子爱上学习 / 185

一、孩子的兴趣是可以培养的 / 185

二、努力将孩子的兴趣发展为一门特长 / 187

三、不能为了成绩而把孩子的兴趣弄伤了 / 189

四、小孩的"屎尿屁"哲学 / 190

第二十六章　如何促进孩子的思维力 / 193

一、用对话促进孩子思维的发展 / 193

二、陪伴孩子的关键是让思维动起来 / 195

三、幼儿的概念学习可能吗 / 196

四、家长要学会提问 / 198

第二十七章　如何培养孩子的专注力 / 201

一、幼儿"专注力"的本质是"注意力" / 201

二、陪孩子"玩"玩具也需要专注 / 203

三、提升孩子专注力的生活小策略 / 204

后　记 / 207

自主发展素养

在充满诱惑的未来时代,对一个孩子来说,"自律"和"自我管理"比起学习知识和技能更为重要。因此,"自主发展"成了未来人才所需的三大核心素养之一。

然而在小孩还非常需要成年人帮助时,如何能帮助孩子实现"自主发展"呢? 很多人会觉得很矛盾。其实,我以为,只要我们观念和方法正确,还是可以在孩子的幼儿时期,为其奠基好"自主发展"的品格和能力的。

"自主发展"真正包容的含义有三:自我认识、自我控制、自我超越。

关于"自我认识"——"我是谁?"的问题是人类的终极谜题。孩子在成长的过程中,也在不断地发展自我意识,进而逐渐认识自己。让我们的孩子从照镜子开始, 或多给孩子看看自己的照片,从而让其慢慢熟悉自己的外貌,悦纳自己的长相,这是外表上的自我认识;在日常生活中,我们鼓励孩子自己学会吃饭、穿衣,慢慢再鼓励孩子自己管理自己的生活,这是从内心上逐渐发展自我意识,强化自我能力。孩子越大,越需要我们小心谨慎地来引导孩子反省和发展"自我认识"。记住,在孩子成长过程中,家长不要总是否定、限制和要求孩子的"自我"趋同于成年人的"自我",这样的话,只会让孩子逐渐失去"自我"。我们需要做的更多的是了解、认识孩子,引导孩子逐步形成和发展"自我意识"。

关于"自我控制"——这是一个关于自律的问题。未来时代,充满无数的诱惑,丰富多彩的游戏、美食等,这就对孩子们的自律性要求更高。那么,在数码时代,我们究竟如何培养孩子的自律力呢?是将孩子周围的"诱惑"都先清除掉,保证孩子在一个纯净的环境下长大呢? 还是在现实的环境中,不断加强对孩子自律力的培养,让孩子学会自律的方法和心理策略呢? 我以为后者更可取。

关于"自我超越"——幼儿正处在成长发育的过程中,他们连"自我意识"都还没有发展起来,那么这个阶段的"自我超越",自然更多需要大人的介入。作为父母,我们还是要努力发现孩子的优势和特点,发掘孩子的潜能,进而给予一定的条件支持和环境设计,推动孩子不断实现"自我超越"。

简而言之,要想促进孩子"自主发展",首先是"相信孩子,让其自主",然后是"认识孩子,助其自律",最后是"发现孩子,促其超越"。

具体来说,落实和培养孩子的自主发展素养,重点要关注培养孩子的自律力、意志力以及适应力。

第一章　孩子的自我管理该怎么实现

一、耐心点儿,让孩子"自己来"

早上,孩子起床后,准备去上幼儿园。由于时间比较紧张,生怕孩子上学迟到的我,忍不住想要去帮助孩子穿衣服。然而当我拿出孩子衣服的时候,脑海中忽然闪现出"我的核心素养育儿目标"——一定要让孩子自主发展,所以必须要让孩子自己来。

于是,我忍住了,亲吻一下孩子,说:"上学后的你,变得更优秀了! 衣服能自己穿了吗?"

孩子非常兴奋地点头,对我说:"我自己来!"

当我看到孩子顺利穿好衣服,心中略感欣慰,庆幸自己忍住了。

晚上,回到家,陪伴孩子做批判性思维任务(critical thinking tasks)时,我又忍不住想干预。但想到早上孩子的表现,此时的我下定决心要让孩子自己来。我正这么想着,孩子主动提出来:"我自己来!"听到孩子这么一说,我内心窃喜,果断退场。一会儿,孩子结束了任务,我看到孩子自己完成得很不错。

博士后妈妈有话说:

看到孩子一日一日地长大,此时此刻,作为父母,心中倍感欣慰。然而我们也看到,孩子依然还很稚嫩,见到他穿衣服穿不进去的时候,鞋子穿反的时候,吃饭掉得到处都是的时候,心中不免还是有些着急,忍不住想要去帮助。这时,家长应该要不断提醒自己,注意两点:

第一,耐心点儿。请家长一定要相信孩子,给孩子一点儿时间,他会做得很好的。所以每每遇到上述情境时,家长需要强迫自己,学会等待,深呼吸一下,忍一忍,就是给孩子成长的机会了。

第二,诚恳点儿。有时候,时间不允许,又或是发现孩子实在是难以搞定时,建议家长不如诚恳地说一句话:"你需要我帮助吗?"只有当孩子说"是的"的时候,家长才开始帮助孩子,不要越俎代庖。

不要小看这么一个小小的环节。其实,我们就是要在生活中这样的细小环节中,来真正培养起孩子的主体意识,从而让孩子的自我管理素养得到发展。

二、"独立"使孩子成长

今天,我带孩子一起出差。听说我们要坐高铁,孩子兴奋不已,一大早起床后就开始收拾行李箱。

自己选择带什么衣服,叠衣服,然后装进塑料袋,放进自己的行李箱;自己选择带什么玩具;最让我惊讶的是,他还自己找来作业本,带上书、笔和橡皮擦。这让我感觉到孩子一下子又长大了不少。

这次出差是我和孩子两个人单独行动,孩子变得更加独立了。一路上都是自己拉行李箱,过安检的时候知道管理好自己和自己的行李箱;到了高铁站,学会了取票。由于到站比较早,我们选择去书店逛了逛,买了两本袖珍小书;接着他自己安排去麦当劳,吃了一个冰激凌。让我惊喜的是,他自己主动要求:只吃小的冰激凌,其他的都不要。

上车后,孩子非常主动地给我让座位,而后一路上观看窗外的风光、读书以及观看一集《汪汪队》,最后躺在我怀里睡着了。等到站了,他就醒了。醒来就说:"啊!这么快我们就到了!"

整个旅行的过程,都让人感觉到,孩子正在成长为一个独立的、有担当的小小男子汉。

博士后妈妈有话说：

通过上面这个案例，我们能够看到，当孩子脱离了呵护的场景后，自然就变得"独立"起来，如此一来便激活了他的自我管理意识。在生活中，我们也会常常发现这样的现象：有的孩子平时总爱睡懒觉，然而一旦第二天有什么重要的事情需要做的时候，孩子就会自己早早地醒来。这也说明，其实孩子们一般都有自我管理的潜能。

假若我们做父母的，总是认为孩子什么都不知道，什么都不明白，我们的孩子就会变得越来越依赖父母，越来越被动，从而天性中所潜藏的"独立性"逐渐弱化甚至消失。因此，我很希望现代父母能够努力搭建一些平台，给孩子创造可以独立的时空，从而帮助孩子获得成长和发展。

当然，凡事不能极端，在我们给孩子提供独立生存和锻炼发展机会的同时，也别忘了一定要以保障孩子的人身安全为基本前提。

三、玩具不仅用来玩，更需要收拾

每次我回到家后，都会发现我家大姨很辛苦，总是忙于整理玩具,同时也意识到玩具多带来的问题:不仅造成难以收拾的问题,更重要的是还可能会导致孩子不专心。

于是,我下决心,不仅要教会孩子整理玩具,更要让他自己养成整理玩具的好习惯。

今晚,我就带着孩子一起整理玩具。先让孩子认真观察,家里现在有哪些玩具,然后一起讨论,这些玩具可以分为哪几类?不同类型的玩具应该放在哪里比较好?让孩子充分观察、思考之后,我们就开始行动起来。

和孩子一起整理玩具之后,孩子玩玩具的行为也悄然发生了变化,他在取玩具的时候,更加认真地对待了。

博士后妈妈有话说:

估计很多家长都和我一样,一见到好的玩具,就会买回来给孩子玩,不管孩子已经拥有了多少玩具。于是,家里的玩具越来越多,而这也就导致了系列问题的出现。买玩具时,很轻松,轻轻点击支付就可以完成,但是收拾玩具则成了令人头痛的问题。

其实,带着孩子整理玩具是一门非常好的家庭教育课程,需要引起我们的重视。在整理玩具的过程中,孩子各方面的能力都会得到提升。

第一，孩子学会自己整理玩具，便增强了秩序意识。今晚，玩了积木之后，孩子睡觉前主动收拾积木，认认真真地将所有积木都排放到箱子里，而且排得整整齐齐。这种整理思维、秩序思维没想到就在整理玩具的过程中形成了。

第二，孩子学会有秩序地选择玩具。玩玩具前，孩子会先问我："妈咪，我想玩一种积木玩具，可以吗？"因为我在整理玩具的过程中，告诉他，每天放学回家要玩玩具的时候，只能选择一种，所以他先征求我的意见。这让孩子在玩玩具时，学会了"选择"，同时也培养了专注力。

第三，孩子重新发现了"玩具"。没有整理玩具前，孩子都不记得自己有哪些玩具了，在整理的过程中，孩子又发现了一些"旧玩具"。重新拾起来时，发现那些玩具又是很有趣的，就像拥有了新玩具一样开心。

瞧瞧，整理玩具可以带来这么多的好处。不妨坚持一下，与孩子一起养成经常整理玩具的好习惯，一定会让孩子受益匪浅。

四、让孩子整理行李箱

即将踏上回家乡过年的征途，早上一起床，我就开始让孩子们整理自己的小行李箱。

这个整理行李的过程极其有意思：

两个孩子(颉米和表姐)在整理行李过程中,表现得不太一样。表姐明显物主意识比较强,凡是自己想要的东西,无一遗漏地装进了箱子里,而且最喜欢的就是她的娃娃,这是女孩的典型特征;弟弟呢,就显得随意一些,想到什么就放什么,但这时也表现出了明显的整理意识。他给自己的箱子分区域,不同区域放不同的东西。整理的东西包括书和玩具、衣物,有趣的是还放入了药膏以及棉签,显然孩子关注旅行生活的全面性提升了。

博士后妈妈有话说:

其实,让孩子学会整理自己的行李不仅是旅行的第一步,更是让孩子学会自我管理的好机会。不要担心孩子整理不好,没关系,关键是要让孩子意识到,自己的事情就应该自己做。

当然,孩子还小,整理旅行箱的时候,需要我们提供指导。在指导孩子整理行李的过程中,也帮助孩子学会管理和规划,这种思维和技能对未来也是非常重要的。在决定整理东西前,先跟孩子们讨论选择哪个箱子,然后坐下来,一起讨论应该带些什么。回家过春节,需要带什么呢?讨论完后,就开始分头准备。准备行李的过程中,要求孩子们思考,怎样摆放东西能够最大限度地利用空间。

整理行李绝对是一次训练思维的极佳机会。同时,也可以给孩子准备一份行李清单，让孩子自己按照清单来检查自己的东西是否准备齐全，以防遗漏。

五、认真教孩子"方法"

下班回到家，见到大姨和奶奶正在装收纳架子，而颉米则一个人在旁边闲着，无所事事。我立刻放下东西，与颉米寒暄之后，引导他开始参与到装收纳架子的活动中来。

奶奶和大姨可能是出于安全的考虑，没有让孩子动手，而我却相信，只要教给他方法，他是可以的。果然，孩子给了我们意外的惊喜。我安排他拧螺丝，他拧得非常好！一直坚持到整个架子都装好。摆放好架子之后，孩子自己动手在收纳架上摆上自己所有的玩具，完成得很漂亮！

接着，吃晚饭了。在我的要求下，孩子自己吃饭，不管他吃得好不好，都坚持让他自己独立完成。吃完饭，孩子跟我说："妈咪，你跟我说归位。"于是，当我说完"归位"后，孩子立刻就把碗筷放好，还主动跟我们说："我已经吃好了，你们慢慢吃。"（这句话是我之前教给他的）而后才离开座位。

晚饭后，我们又做了一件小小的事情，与孩子一起订出自律表。我和孩子共同讨论确定要坚持的好习惯：吃饭、睡觉、做运动、远离危险、阅读等等。我相信，在这个过程中，孩子逐渐萌生了自我管理意识。

博士后妈妈有话说：

随着孩子年龄的增长以及自我意识的发展，我开始注意引导孩子进行自我管理。让孩子开展"自我管理"，一方面是帮助他提升自我意识，另一方面最重要的是培养他的责任心和自律力。说实话，在一个人一生的成长过程中，影响因素最关键的不是智力和思维，而是责任心、自律以及坚毅的品质。因此，在这个意义上，引导孩子学会自我管理是家庭教育中至关重要的内容。

究竟应该如何引导孩子进行自我管理呢？

第一，要坚持的第一点就是不包办代替。从婴幼儿时期开始，鼓励孩子自己学会吃饭、穿衣、上厕所等等。慢慢地，让孩子明确哪些事是自己的事情。

第二，要坚持的就是鼓励孩子参与生活劳动。现在我们的孩子变得金贵了，所以很多父母都不想看到自己的孩子辛苦。但其实，我以为"辛苦"也是人的一种必要生活体验。不懂得"辛苦"，又何来"甘甜"的体验呢？

第三，要适当地引导孩子开展自我反思和自我评价。借用照片和视频来记录孩子的表现，从而与孩子一起来观看、反思和评论,不失为一种有效的策略和方法。

第四,根据年龄特点来引导孩子进行自我规划。注意引导孩子慢慢形成时间观念和意识,等到时间观念成熟了,就可以引导孩子开展自我规划了。

六、让孩子对自己的生活负责

从小,我就十分重视对孩子生活自理能力的培养,然而,对孩子生活能力的培养也需要坚持和用心。以培养孩子能够自主"刷牙"为例,我们怎样才能培养起孩子自主刷牙的习惯呢?

首先,找到适合孩子使用的生活工具是很重要的。为了能够让孩子自己刷牙,我起码尝试了 5 种牙刷,最后还是选择了日本的微型电动牙刷,装电池的,转速不快,温和,适合孩子使用,手柄大小也正好合适。

其次,用歌曲或故事将刷牙变成有趣的事情。在孩子还未养成刷牙习惯时,我想,父母最大的作用就是把这件事情变得有趣,然后带着孩子一起坚持刷牙,*Little Bee*《牙刷火车》是我们刷牙时经常唱的儿歌。

再次,随着孩子长大,习惯也逐渐养成的时候,就要把刷牙变成是他自己的事情了。如果某晚孩子想偷懒,不去刷牙,我只需悄悄地说:"哦!不刷没关系,你的牙齿估计到明早就会被细菌腐蚀掉一部分了。"无须强迫,孩子即使躺下了,也会自己爬起来去刷牙。

可以看到,生活自理能力的培养是需要我们坚持的,特别是在充满关爱的家庭里,带孩子的人多,可能给孩子自己锻炼的机会和时间就少了的情况下,父母的坚持就显得更加重要。不过,一定要记住,在养育孩子、关注孩子能力提升之前,更要重视家庭的和睦,切忌为了孩子的教育问题闹出家庭矛盾,那就有些得不偿失了。

博士后妈妈有话说:

我们都希望自己的孩子长大后有责任心,能够管理自己的身体、生活,能够对自己的学习负责。然而,有一种误解,以为要等到孩子长大了,才能懂得什么叫责任心,什么叫责任感。其实不然,我们应该从婴幼儿时期就开始培养孩子的责任心和责任感。那么,这么小的孩子,如何培养其对自己负责呢?

培养孩子的责任心一定是融入日常生活中的。责任心包括责任认知、责任情感、责任意志和责任行动,它的形成机制一般包括三个阶段:服从、认同和内化。

第一,培养孩子对自我健康的责任意识十分重要。在卫生习惯方面,从小就要告诉孩子,刷牙是他自己的事情。他可以选择不刷，但是细菌侵蚀牙齿，导致牙齿疼痛的后果要他自己承担。让他真的懂得，最后让他自己选择。一直坚持这样做下去，孩子就会明白自己要对自己的牙齿负责。在饮食习惯方面，孩子挑食，我们也要告诉孩子，饮食和健康的关系。有一天，孩子要吃冰激凌，我让他吃了，之后他拉肚子了。通过他自身的体验告诉他，吃冰冷的东西会导致的后果。之后，他就会有意识地控制自己的饮食。那么在学习方面呢？似乎我们的家长现在更头痛的是孩子对学习如何能培养起责任心吧。当我们想让孩子学习知识、技能的时候，千万别忘了告诉孩子："这是你需要学习的本领。"从幼儿期开始，就让孩子对自己的学习负责。

第二，有了责任意识，更需要通过方法来帮助孩子将意识转化为责任行动。例如在学习中，因为学习的结果与孩子切身的利益不会像健康生活那样密切，至少很难体现在即刻的体验上。因此，我们需要帮助孩子将其转化为具体的行为目标，让孩子制订自己的小目标，而后以目标的形式来训练自己的习惯，进而形成责任心。

第三，鼓励孩子勇于承担责任。例如，在孩子出现意外事故的时候，鼓励孩子对自己的行为负责。从小，我们告诉孩子：危险的地方不能去，危险的动作不能做。当某次孩子摔跤了，受伤了，在处理伤口的时候告诉孩子："你应该对自己的安全负责。"让孩子明白，什么叫作危险。跟别的孩子发生冲突了，彼此都造成伤害后,首先不是去指责别人家的孩子,先问问自己的孩子:"你在这个过程中,做错了什么?"先告诉孩子自己承担责任而后再引导孩子分析和反思,最后别忘了表扬孩子的勇敢和担当。

我时刻警醒自己,一定要从小培养起孩子对自己负责,对生命负责,对家庭、对社会负责任的态度。

第二章　时间管理对幼儿来说，可能吗

一、给孩子一块手表

今天，偶然的机会我看到了一款适合儿童的小手表，为儿子选择了"奥特曼"超人的图像。回到家，如我预想的一样，拿到"奥特曼"手表的孩子很兴奋，仿佛自己获得了掌控时间的超能量一样。接着开始研究表上的时针，很清晰的两种颜色，孩子很快就知道如何来看表盘了。橙色针到数字几，自己就去做什么，规划自己的时间。冲完凉后，告诉我："妈咪，我们要迅速点，不然奥特曼就生气了。"

博士后妈妈有话说：

对于还没有什么时间概念的宝宝，我们该如何谈"时间管理"呢？我是这么做的：

1.让孩子学会看手表。每次我们要结束某项活动前,孩子会要求多玩几分钟,但是对于"几分钟",孩子是没有概念的。于是,每次我会把手表拿出来,让孩子看着表盘,约定好最长指针(分钟)到哪个位置就结束。这个方法,每次用都很有效。

2.用手机设定倒计时或买个小沙漏。孩子每天起床时,穿衣总是要拖很长时间,我们把手机拿出来,用倒计时表在旁边催促,孩子立刻紧张起来,他忽然感觉到时间跑得好快啊,我们需要与时间赛跑,他自然也更加配合我了,效率立刻提高不少。

有人说,新时代人们需要比较的是"时间"。如果真是这样的话,那我们还有什么理由不去教孩子管理好时间呢?

二、引导孩子做自己的规划师

出差两日,因广州暴雨导致孩子在家待了一整天,忽然遇到了一个问题:一天的时间该怎么安排呢? 奶奶可能不会像我那样,可以坐在地上跟孩子一起拼积木。中途通电话时赫然发现,孩子更多的时间花在了平板电脑上。

于是,我开始通过电话引导孩子:"你看看,在家里可以做哪些活动?请你一个一个地来,好吗?"接着,我就挂电话了。之后,奶奶给我反馈,孩子十分认真地做了各项活动:打篮球、练习跆拳道、画画、堆积木、阅读等等。在奶奶看来：这是孩子非常听妈妈话的表现。而在我看来，并不是如此。只是因为我帮助孩子做了规划，原本漫无目的的生活就变得有序起来，充实起来，其实这比"随心所欲"的休闲娱乐要显得更为有意义，孩子自然也就遵循了。

出差回到家后，我就全程参与孩子的自我规划：

1.见到妈妈，第一件事就是要求妈妈分享出差见闻，重点是介绍飞机。我拍了空中的飞机，重点与孩子研究了波音787的飞机。

2.接着，拼飞机积木，要求妈妈帮助一起把飞机重新拼装后，并进行飞机旅行的模拟。

3.饭后，出门散步与游戏，自己安排骑车走高速（情景模拟），妈妈走人行道，比赛看谁先到达目的地，而后就是角色扮演游戏，玩赛车；接着和妈妈玩接力游戏（运动量足够）。

4.到家后，研读自然拼读卡片，*Make a Match*《配对游戏》。

5.冲凉后，看了一集《海底小纵队》，自己挑选的。

6.睡前，教我认汉字，阅读书籍以及录制英文绘本。

最后，伴随着古诗音乐进入梦乡。

反思一晚上的活动，不难发现，孩子在我的引导下，已经逐渐开始能够规划和管理自己的生活。

博士后妈妈有话说：

从上面的故事中，我们可以看到，表面上看起来这是孩子很听妈妈的话，是一种乖巧的表现。但实质上深入分析后，我们会发现一个问题：许多孩子真的不知道如何去安排和管理自己的时间，因为他们都还小，所以他们需要被引导去规划和管理自己的时间。当然，这个过程中需要注意的是，我们不要把规划时间看作是给孩子布置任务，而是要引导孩子自己去反省并意识到，自己该做什么，该怎么样分配和管理自己的时间，这是根本。

第三章　给孩子设定合适的目标

一、学会给孩子布置任务

昨天,孩子路过动物园,回家就跟爷爷奶奶说,今天要去动物园玩。于是,一大早起床后,孩子就为自己去动物园开始做积极的准备了。

因为我有工作要做,不能与孩子同行,所以我给孩子布置了相关任务:"去动物园,请为妈咪拍回 10 张动物的照片。要仔细观察园内动物,重点观察动物吃什么,拉的便便是什么形状的。如果没有看到的话,就请咨询爷爷奶奶,或者请教动物园的饲养员。"孩子非常高兴地领了任务,同时我也把这个任务告诉了爷爷奶奶,以获得陪伴者的帮助。

我布置的这个任务有两层目标:第一,引导孩子去动物园如何游玩;第二,引导孩子学会学习,不懂的可以询问或请求帮助。

孩子游玩归来,因为有了任务和目标,所以我们之间有了话题可聊。孩子拿出手机,跟我一张照片一张照片地分享,介绍动物的名字以及自己在看动物过程中发生的事情。

一个简单任务的布置,让孩子的动物园之行更充实、更富有意义,何乐而不为呢?

博士后妈妈有话说:

或许很多人都会认为,"目标"对于小孩来说,有点儿太过于高要求了。其实,对于自我意识还在发展中的幼儿来说,"目标的设立"是很重要的。尽管孩子非常小,但是帮助孩子确立适合他的目标,将有助于促进孩子自我管理素养的提升。

帮助孩子设立一个目标,就给了孩子一个努力的方向。孩子的自主意识就会变得更加强烈,同时,他也会更有意识地进行自我管理。

当然,对于小朋友来说,目标不能太抽象,要跟孩子的生活以及理解度相匹配。例如,宝宝三岁的时候,我跟宝宝一起设立三个目标:第一个是每天坚持锻炼身体,第二个是每天坚持阅读书本,第三个是每天坚持自己吃饭。

现在,随着宝宝年龄的增长,学习能力也越来越强,于是我们又设立了学习的目标。目前宝宝的学习目标有两个:学好语言和学习跆拳道。前者为了更好地交流与表达,后者为了强身健体。

在目标的驱动下，孩子会努力控制自己的消极情绪，克制自己的惰性心理。从孩子第一次去学跆拳道的小害怕，到现在越来越自主地学习，在目标的驱动下，他的变化很明显。可见，目标设立是非常重要的。

二、给孩子播下梦想的种子

昨晚，入睡前，我躺在床上和孩子聊天。我轻声问他："你长大了想做什么呢？"他说："我要做医生。""为什么呢？"孩子稚嫩的声音掷地有声："因为当别人生病了，我要给他们治病。"多么美好的梦想，也许这个梦想不一定能实现，但是孩子这颗关爱他人的心，是值得赞美的。

博士后妈妈有话说：

对于 3 岁宝宝来说，或许他不明白"梦想"究竟是什么，但我们可以和他讨论讨论，长大后想干什么。在成长的过程中，孩子的梦想也总是会在变化着的，不要紧，我们只需要陪伴孩子一起去寻找梦想、实现梦想，那就是一件非常美好的事情。

哲学家罗素曾经说："我的一生始终为以下三种激情所支配：对真理的不可遏止的探求，对人类苦难不可遏止的同情，对爱情的不可遏止的追求。"这么小的孩子，能够懂得去体验他人的病痛，并在心底种下做医生的梦想，是值得我们学习和欣赏的。

在孩子成长的过程中，我希望自己做一位能够陪伴他去寻找梦想、实现梦想的人。如何引导孩子去寻找梦想呢？我想，阅读是不二选择。作为家长，我们应该为孩子精心挑选好的、经典的、高尚的书本，让孩子从中去体验、感悟和学习优秀人物身上的梦想。在我家，我还贴了名人画像，让孩子与高尚的人多接触，从而点燃孩子心中梦想的灯。

陪伴孩子过程中，我还希望带孩子去进行各种体验，与孩子将梦想化小，小到生活中的点点滴滴，让孩子通过体验来逐渐增强认知。孩子喜欢飞机，有着航空梦想，我就陪着孩子一起去认识、探索和研究飞机。我相信，坚持这样做下去的话，梦想的种子就会在孩子心中植根和发芽。

记住，平时没事的时候，可以多和孩子聊聊"梦想"，在孩子心中早日播种的梦想种子，将会成为照亮孩子一生的光芒。

三、怎样和孩子一起许下新年愿望呢

随着鸡年的逝去，"旺旺"狗年已经来到，假期也即将结束，马上要投入紧张的工作和学习中来了。

新年伊始，我就与孩子一起来许下新年的愿望！

我先跟孩子分享我的2018年愿望，那就是"健康"，孩子也说他的新年愿望是"健康"。但是，"健康"对于孩子来说，太抽象了。所以我们需要将其分解为：1.吃饭不挑食——每尝试一种新的食物，就给他记录下来；2.坚持早晚刷牙——这个本来坚持不错，继续坚持；3.按时睡觉——睡觉时间到，能够尽快安静入睡；4.每天阳光运动1小时。把它融入"自我评价量表"，也是一个不错的方法，让孩子学会自我管理和监督。

博士后妈妈有话说：

　　如何与孩子一起聊新年的愿望，到底该怎么做更科学、更有效呢？我们可以试试这样做：

策略一：分解"愿望"

　　愿望一般都是比较抽象的，而且对于孩子来说，只谈"愿望"，意义真不大。我们需要做的事情就是把愿望缩小，变成小目标。这样孩子才能理解，才能与我们讨论愿望。

策略二：适合"自己"

　　新年愿望最好还是要适合自己，不能离现实太遥远。下面是来自权威美国儿科学会（AAP）的新年计划建议：学龄前儿童：我会在玩闹之后把玩具收拾好。我会在爸爸妈妈的帮助下每天刷牙两次，饭前饭后都要洗手。我会在吃完饭以后收拾餐桌。5—12

岁儿童：我会每天喝牛奶，按时喝水，只在特殊的时候喝饮料。我会找一项自己热爱的运动或活动，比如篮球、足球、跳舞、骑车等等，每周至少做三次。我会保证我个人信息的安全，不将我的姓名、家庭住址、学校名称、电话号码轻易放在互联网上，我也不会在父母不允许的情况下将自己的照片发给某个聊天的陌生人。

除了个人计划，我们还可以一起讨论整个家庭的新年计划，如每个月旅行一次，每个月玩两次棋牌游戏，参加志愿活动，等等。

策略三：营造"氛围"

在新年伊始，带着孩子一起规划新年计划，可以成为"家庭传统"的一部分，变成一种仪式。我们可以动手制作一份新年愿望清单，做成海报，挂在家里显眼的地方。事实上，许下新年愿望会带来一种庆祝的感觉，帮着孩子制定新年愿望，可以让孩子从注意到他人的想法开始，让自己变得更加独立，并开始逐渐学会塑造自己。对于小孩来说，带着他们一起做新年计划，最重要的就是让孩子感受到一种期许的乐观氛围。

策略四：制造"回忆"

当然我们还有其他更巧妙的方式来写新年愿望。我就希望找一个罐子，把孩子和自己的新年愿望写在纸条上，存放进去，若干年后的某一天，等孩子长大后，再打开这些尘封的"愿望"，这将是一件十分有趣和有意义的事情。

下面分享一些制作计划的表单，来自美国最大的儿童任务表网站 KidPointz.com。

Chore Chart(日常事务表):如果想让孩子帮忙做一些家务,这个表将非常的适合。

Daily Routine Chart(每日生活计划表):这个计划适合年龄小的孩子做某项针对性的训练,比如穿衣、刷牙、睡觉,等等。

Exercise Chart(运动计划表):这个计划适合督促孩子每天做一些运动。

Reading Chart(读书计划表):这个表方便孩子记录阅读的书名、日期,培养他们养成良好的阅读习惯。

有了精美的计划表,接下来就要认真执行。在宝贝们努力实现自己的目标过程中,我们做家长的,则需要坚持做到两点:

1.成为孩子的榜样。

2.不断认可并奖励孩子(特别提醒,奖励需要合理安排,不能太容易得到,当然也不能太遥不可及,奖励设置的目的是让孩子享受不断努力而达到目标的这个过程)。

或许很多时候我们确实无力改变世界运转的秩序,但是我们可以让自己变得更美好、更幸福。

第四章　怎样培养孩子坚毅的品格

一、意志力应从小开始培养

最近我出访芬兰，在每天到学校参访的时光里，总是不断地看到有孩子在冰天雪地的户外摸爬滚打的各种情形：有的孩子穿个裤衩就在雪地里打滚儿；有的孩子在泥泞的操场上侧手翻……这时，我心里就不停地在感慨：如果我们的孩子也在这个环境下生活，不知他们是否也能像这些孩子一样，不畏惧严寒，不害怕摔跤呢？

我深深地相信：恶劣的环境或许更能锻造一个人的坚毅品质。从现在开始，我们是否能够花更多的时间和心思培养孩子的坚毅品质呢？

博士后妈妈有话说：

什么是坚毅？

"向着长期的目标，坚持自己的热情，即使历经失败，依然能够坚持不懈地努力下去，这种品质就叫作坚毅。"研究表明：有一个特质能够很好地预测成功。它不是社交能力，不是美貌，不是健壮的身体，也不是智商，而是坚毅。

或许太多家长把注意力都集中在对孩子的智力开发上了，因为大家都希望自己的孩子聪明，却往往弱化了非智力要素的培养。积极心理学研究表明，预示孩子成功的 7 项指标是：坚毅（grit）、激情（passion）、自制力（self-control）、乐观（optimism）、感恩之心（gratitude）、社交智力（social intelligence）、好奇心（curiosity）。在这 7 项指标中，又属"坚毅"是最能预测成功的，但它又是最难培养的。

在孩子成长的过程中，作为孩子的家长，应该去关注孩子坚毅品质的养成，有以下做法可以尝试：

1.每次当孩子成功后，要表扬孩子时，记得表扬他的付出和坚持，而不是简单表扬他聪明和能干。

2.为孩子设置"跳一跳就能摘到"的目标，让孩子通过自己的努力来获得成功，进而产生积极情感体验，促进坚毅品质的发展。

3. 不要在感觉糟糕的时候结束。坚毅最大的敌人就是曙光前的那一抹黑暗，很多人都是因为无法经受那种难过而选择了放弃。所以记住，不要在感觉最糟糕的时候结束。

4. 与孩子一起分析失败和成功。没有人是完美的，我们允许失败，但我们一定要记住，人是成长和变化的。

最后，与大家分享 12 项坚毅品质的测量表，看看自己和孩子的得分如何：

* 面对巨大挑战，我能克服困难；

* 新的想法和项目有时会让我对之前的项目分神（反向）；

* 我的兴趣每年都在变化（反向）；

* 挫折并不会让我沮丧；

* 对于某一确定的想法或项目，我只能坚持很短时间，之后很快失去兴趣（反向）；

* 我工作很努力；

* 我常常给自己设置目标，之后又会变更目标（反向）；

* 对于要几个月才能完成的任务，我难以集中注意力（反向）；

* 任何事情只要我开始了，就一定要完成；

* 我能完成一件需要几年时间的工作；

* 我常常几个月后就会变更自己的追求（反向）；

* 我是勤奋的人。

每个题目都是 5 级量表，从最像自己（5 分）到最不像自己

（1分），反向题反向计分，分数越高表示坚毅品质水平越高。

自我检视下，然后我们努力以成长型思维模式来帮助自己和孩子们，一起培养坚毅的品质。

二、孩子不容易坚持，怎么办

今天，当我们回家准备练习跆拳道时，孩子就开始逃避。他用各种借口，各种方式，想尽一切办法来想躲避。

此时此刻，我内心十分清楚，这是孩子畏惧的心理在作怪，这也是坚持性不足的一种典型表现。说实话，别说是孩子了，就是成年人，在养成某种习惯或者完成某个目标过程中，由于自我的惰性或者是客观的条件制约，都可能出现难以坚持的问题。

针对孩子的这种表现，我非常清楚，此时此刻，要想让孩子坚持下去，最需要成年人的坚持。想到这，我内心变得很坚定，营造了场景要求孩子练习完。

博士后妈妈有话说：

说到"坚持"，其内核就是我所倡导的"意志力"。许多人都知道，坚持是最难的，对于一个孩子来说，就更是如此了。事实上，在生活中、在学习中，很多宝宝都会出现不容易坚持的问题。

那么该怎么办呢?

首先,要想孩子坚持,首要的是家长自己要坚持。对于好的行为习惯、好的生活习惯、好的思维习惯的养成,绝非一日之功,养成就需要坚持。对于认准了的目标,家长自己要能够意志坚定。

但是只有家长坚持,孩子不配合,怎么办? 这可能是更重要的问题。

因此,我们要了解孩子,要与孩子一起来学会坚持。

对于7周岁以下的孩子,他们主要靠右半脑来进行情感体验和形成记忆,进而用这种体验来调节自己的行为。这就意味着,要想让孩子能够坚持做某件事, 他一定要在这件事情上获得愉快、积极的体验,进而才能坚持做下去。

基于此,我们可以这样做:

1.如果孩子正在做一件事,大人应该及时给他赞赏、鼓励,这样他就会获得愉悦的体验,进而选择继续来做这件事。

2.如果总是说同样的话,即使是表扬的话,说多了,孩子也会产生免疫力,愉快的体验也就没有了。因此,家长还得变着法子来让孩子高兴。例如,或表扬,或鼓励,或与他比赛,或请他当老师,或让他表演,或让他展示,或增加游戏环节,等等。简而言之,都是让他能够获得积极的情绪体验,进而能够学会坚持。

3.需要注意的一点是,有的家长发现孩子不听话时,容易发火。切记,当你希望孩子坚持做某件事,你用发火的方式只能是解决一时的问题,这样做,你就给了他一种非常不好的情绪体验,只要说起这件事情,他可能就会害怕、恐惧、难过,从长远的角度来看,就可能获得负面的结果。

与孩子一起学会坚持:既需要科学,又需要艺术;既需要方法,更需要意志力。

第五章 现代孩子最缺的是什么

一、现代孩子最缺"吃苦教育"

今天,孩子们要正式上学了!回望过去的这一个寒假,我的内心总会浮现一种感慨:现在的孩子呀,都太幸福了!

1.很少有特别饥饿的感觉,因为到处都是美食。只要孩子想吃,随时都可以获得。

2.很少有流汗的感觉,因为到处都是空调。只要孩子觉得热,立刻就开启空调,连流汗的体验都变少了。

3.很少有特别累的感觉,因为到处都是借口。只要孩子说累,我们就立刻停下来,想办法让孩子休息。

说真的,我很担忧,孩子在这样安逸舒适的生活中长大后,将来能够有多强大? 未来的他们,若在学习、工作和生活中遇到困难,会是一种怎样的状态去迎接和面对呢?

于是,一天下午,我特意带着孩子们去荒山边劳动,开垦荒地,除草种地,采摘自己的劳动果实。

劳动的过程中,尽管孩子们遇到了虫、蛇,但也不害怕。他们锻炼了胆量,不怕脏,不怕累,收获真的不小!

作为现代家长,在让孩子会学习和能吃苦中,您会如何选择呢?

博士后妈妈有话说:

犹记起在这个春节期间,有一次我们去一个景点,没想到人山人海,等待入门的队伍排了足足有好几千米。于是在等待的过程中,我们见到了有人抱怨、有人争吵、有人想插队,各种现象都有。在这个过程中,尽管小孩可能有优待,但是我始终坚持让孩子遵守规则,坚持排队。因为我认为这样的过程,其实就是考验我们心智的机会,是锻炼孩子耐心和意志力的重要学习机会。

那么现代社会意义上的"吃苦教育"到底是什么呢?关于这个主题,我们需要厘清以下几个问题:

第一,思考与讨论究竟吃的是什么苦?我看到网上有人为了刻意让孩子吃苦,就装得很穷,做什么都是"没钱",告诉孩子自己没钱,让孩子只有一味地羡慕他人,这是不是就是让孩子吃苦呢?我以为,这不是吃苦的真正内涵。反而,从小我的父母都是努力让我们吃到别人吃不到的东西，努力带我们去看别人看不到的城市，这更加能激活我对外部世界的向往。

第二，思考与讨论究竟为什么要吃苦？在陪伴孩子成长的过程中，我一直都希望孩子能成为具有刚毅品格的人。所以我很清楚，在什么情况下一定要让孩子吃苦。从孩子几个月开始，我们就把他放在地上努力学爬行，这几日外出旅行，无论是爬山还是涉水，我都坚持让孩子自己走完，即便看到别人家是抱着、背着小孩子，我们也丝毫不动摇，因为我认为这些是他必然要经历的吃苦。或许随他长大了，进入学校接受教育，还要经历和体验更多的苦，我也会理解学校和老师。

总而言之，我以为的"吃苦"，就是要教育孩子能够"为自己的理想而吃苦"，再加一个词，要"认真地吃苦"。

梁启超曾著文《最苦与最乐》启示我们，人生在世，人必须对生活尽责，尽责虽苦却乐。

作为一名现代家长，我想，需要提醒自己的是，要学会和孩子一起"吃苦"，这种精神方是人类永存的根本。

二、帮助孩子克服"懒惰"心理

几天没有见到孩子了，当孩子再次见到我时，兴奋地扑到我的怀里，难以抑制的喜悦和兴奋。接着，我以"这几天你有什么有趣的事情想和我分享吗？"这个问题来开启了母子之间的对话和交流。孩子也是不停地回忆、不停地描述、不停地展示，不亦乐乎。

接着，我带孩子去取快递，是一个大大的盒子，孩子主动地拿着。走着走着，孩子觉得累了，想要把东西给我。此时此刻，我一方面想去帮他拿，但一方面我又克制住了自己。我轻轻告诉孩子："如果你通过自己的努力，把我送给你的礼物拿回家的话，那这个礼物一定就变得更加美好了。"于是，我教孩子调整下方向，用更舒服的姿势来抱着，孩子又坚持继续前行。等电梯时，再教给孩子把重物放在地上休息一下。孩子终于把快递拿到了家，那一刻，孩子高兴地向爷爷炫耀自己的礼物和表现。

睡前，孩子又出现了懒惰心理，读完书后不想去刷牙，直接赖在床上说，"我要睡觉了！"我悄悄地提醒一下说："嘿！还想吃巧克力吗？"他就立刻克服懒惰心理，自己爬起来去刷牙了。

博士后妈妈有话说：

大家都知道，"意志力"很重要，但是在现实生活中，孩子的成长过程中最难做到的还是"坚持"。为什么呢？因为意志力需要孩子能够克服惰性，超越自我，它是人必须要超越舒适区才能获得的东西。所以别说小孩了，连大人也很难获得意志力。

于是,从小关注孩子意志力的培养,还是非常重要的。它表现为孩子对某件事情的坚持性。

一般来说,孩子不能坚持做某事的原因有很多种,其中最重要的一个原因就是孩子觉得这件事比想象中的要难。

那么对于家长,这里就存在几个问题需要我们反思和处理:

1.还要不要坚持让他练习呢?要,是因为要让孩子学会坚持;不要,是因为毕竟孩子还小嘛,别给孩子压力了。冲突之后,我做出了选择。结合孩子最近的表现,我选择了"坚持性"的培养。

2.怎样才能让他坚持练习呢?可以说说道理,可以强迫……方式很多样,于是我开始探索性的尝试。先讲道理,发现没用;接着使用强迫,还是效果不明显。我暂时放弃了,转移自己的注意力,去配合孩子的节奏。没过一会儿,孩子上厕所了。上完厕所后,他自己提出要练习,但需要我陪同。

这时候我终于明白一个道理,给小孩讲"坚持",必须要配合他自己的节奏!不是在我希望的时间里来实现,应该在他可以接受的时间里去坚持。

3.练习完之后,我们开始冲凉。这时,我悄悄地在他耳边说起了"坚持"二字。我用表扬的方式告诉孩子:"你坚持每天早晚刷牙,让牙齿健健康康的,真棒!你坚持每天读书,真了不起!你要是还能坚持每天练习跆拳道,让身体更强壮,那就更好了!"孩子点点头,在嘴里重复道:"嗯,坚持!"

其实，我懂了，跟小孩讲"坚持"，真的不能是说说而已，而是要把它转化成"习惯"，习惯的养成就是一种坚持。

三、当孩子出现"畏难情绪"时

最近我发现，孩子开始出现"畏难情绪"了。

典型的表现就是，以前出门旅游，3000步的台阶都不需要大人背。然而，最近出现了这样的现象：出门散个步，提出感觉到"累"，接着就要求大人背。这究竟是为什么呢？甚至做手工、画画时也会说"累"。孩子遇到困难时显然出现了"畏难情绪"。

那该怎么办呢？首先，我就问孩子，"累是什么感觉啊？"这么抽象的提问，就引发了孩子的反思，进而再问，"妈妈也会有累的时候，但为了完成任务，我会努力克服。你有什么办法打败'累'吗？"

孩子听了后，想了想，就继续行动起来了。

博士后妈妈有话说：

在有些大人看来，孩子都出现"畏难情绪"了，这事麻烦了，以后长大了肯定做不成什么事情了。

其实未必哦！我会告诉您，"畏难情绪"的出现也是孩子发展过程中必然会出现的,这是孩子长大的表现,说明他的心理结构更加复杂了。其实,我们大人也会出现"畏难情绪"!所以,请家长首先理解并合理地接受孩子的"畏难情绪",这是首要的。

接着,当孩子出现"畏难情绪"时,我们应该怎么做呢?这其实给我们家长带来了很重要的教育契机和机会。

第一步,我们先要分析,让孩子产生"畏难情绪"的原因是什么?大致可以分为几个方面:没有趣味性、没有成就感、不懂得方法。

第二步,根据孩子不同的"畏难"情景,我们采取不同的措施。例如,可以降低目标水平,与幼儿的水平契合;可以设立小任务,让孩子自我完成,提升他的成就感,呵护孩子的自信心;可以增加趣味,等等。

第三步,我们要教给孩子正确的心理调节方法,帮助孩子自己调整自己。教给孩子几个小策略是很重要的:1.是真的累吗?给自己设立小步子目标,一旦目标完成,鼓励自己。2.累了之后如何才能坚持?遇到想退缩的时候,告诉自己:"自己的事情自己做。"培养责任心,克服畏难情绪。3.打倒"畏难"情绪,阅读小绘本,寻找理想动画人物,带领自己克服困难。例如,孙悟空、百变布鲁可、汪汪队等等。

从现在起,我们一起努力帮助孩子更好地克服"畏难情绪",从而实现成长。

第六章　如何让孩子更加自信

一、感谢阳光自信的孩子

今天,我是第一次听孩子的公开课。老师提前告知我们,不要坐在孩子身边,所以我离孩子比较远。看见孩子一直在默默地用眼睛搜索我,最后找到我的那一刻,眼神中流露出高兴的表情,我的内心也安定了不少。然而,上课伊始,因为家长们的到来,大多小朋友都很兴奋,于是课堂开始有点失控。再加上课堂教学内容本身就是一个一个的游戏,许多孩子都兴奋得完全掌控不了自己的行为。其中,坐在我孩子旁边的那个男孩则彻底失控,两个老师专门管控,最后不得已只能由老师强抱着他听课。

在整个上课过程中,我发现,颉米很遵守纪律,然而却因为坐在边上,加上比较安静而没有被老师关注到。老师每次问:"Who can try?"(谁能来试试?)孩子都会大声自信回答,"Let me try!"(我来!)可惜,一个一个活动过去了,颉米都没有被点到名字,说实话,我的内心都有点儿失望了。

不过,看到孩子一直阳光自信坚持到最后,所有活动都积极参加,不在乎老师是否点到名字,让我内心感动不已。

下课后,我见到他就表扬他说:"你今天表现得真了不起!"他马上接嘴说:"而且呢?"他居然还要引导我用关联句式,我正想说"而且你非常自信"的时候,他补充说:"而且我得了一个棒棒糖!"

博士后妈妈有话说:

孩子的自信是怎么来的呢?反思总结一下,我认为让孩子自信有四大法宝:

1.爱——相信没有人不爱自己的孩子,然而是否让孩子感受到正确的爱很关键。在很小的时候,孩子还不会说话,父母可能真爱孩子。然而随着孩子长大,因为抱有对孩子的期望,有些父母就会出现,只有孩子表现好的时候才会示爱,或者孩子朝着自己希望的方向发展了,就表示出自己的爱。我希望,不管什么时候,我们都爱孩子,并且要用语言或行为表达出来,"I really love you!"(我真的很爱你!)推荐绘本 *How Do I Love You*《我是多么爱你》。

2.赞赏——有人会说,好孩子是夸出来的。虽然没有这么夸张,但是说真的,父母从小对孩子的赞赏,是培养其自信的重要途径。在孩子成长过程中,孩子的每一点进步,都及时给予赞赏,不吝啬各种赞赏的语言、动作。同时,每天都向孩子投去羡慕的眼光,"哇,我觉得你的生活真精彩!"孩子会产生自豪感的。

3.尊重——尽管孩子很小,但我们要学会尊重孩子。洗澡时,问孩子,"我可以进来吗?"要拿孩子的玩具,问问孩子,"我可以玩一下吗?"在与孩子交往过程中,记得把他当成有思想、有能动性的人,这样我们就能学会尊重他的。而尊重了孩子,他会变得更加自信。

4.信任——成长中的孩子,总会有许多的无知,请在每个生活细节中,给予孩子信任,鼓励他自己探索和实践。在家长的信任下,孩子才能变得越来越自信。

爱、赞赏、尊重与信任是培养自信阳光孩子的必备四要素。我想,在未来陪伴孩子成长的过程中,要继续充分相信自己的孩子,继续给予孩子一定的自由,继续用爱去滋润他的人格。

二、教孩子学会自我激励

在日常生活中,我们常常期待别人的表扬,殊不知,其实自己对自己的表扬才是更重要的。因此,我一直都很注重,教给孩子自我激励的方法和策略。

每当孩子克服了自身惰性,完成了某项任务,或者遇到困难时,我都指导孩子,一定要大声表扬自己和鼓励自己。

今天,孩子在完成了一个拼图之后,立刻就跟我炫耀:"妈咪,完美!"这么简单的一句话,显示出孩子有着自我激励的意识和行为。

其实,昨天骑车跌倒后,孩子也同样地表现出了自我激励意识,他一边扶车一边对自己说:"我是奥特曼!"

博士后妈妈有话说:

每次,只要孩子完成了某个任务之后,我们就要鼓励孩子用自己的话语来激励自己。

别小看这么一句简单的话语,这对于维持一个人健康、乐观、积极的心态,具有十分重要的作用。

作为家长,我们除了希望孩子具有乐观心态,同时,更重要的是别忘了教给孩子保持乐观积极心态的方法,帮助孩子从小养成心理健康的卫生习惯。

三、孩子怯场,我们怎么办

今天,我们带孩子去跆拳道馆,还没到门口,孩子就开始有些情绪了,但是一进去看到穿道服的小伙伴们又很羡慕。尽管如此,孩子依然有些紧张,教练让他进去和小朋友一起做游戏,他就表现出了怯场,只敢在门口看其他小朋友玩游戏。

我一直在观察,他站在门口,很羡慕,估计有所心动,但没有勇气进去。在门口徘徊了一会儿后,我再次跟他提起,是否要进去,他依然摇摇头,并且还往外走。

显然,孩子已经表现出明显的怯场。此时,作为家长的我们该怎么办呢?是退缩呢还是前进?该如何跟孩子进行沟通呢?

这让我想起了孩子上次去打点滴也出现了类似的情况,听说要打点滴就开始哭,但实际上真的打的时候,他却一点儿也没有哭,勇敢地望着护士扎针。我知道,随着孩子年龄增长,他的心理越来越复杂了,考虑的东西多了,自然也就有了怯场的表现。其实,怯场的表现是因为孩子内心里的恐惧或担心,而对于没有体验经历的孩子来说,他会在心里将难度、可怕度都放大无数倍,这就是我们说的心理放大器效应。

这么一想,我就一点儿也不着急,陪着孩子在旁边看,看着看着,我就准备脱鞋进馆了。但是孩子呢,还是不太愿意。没关系,我就自己进馆里观看,一会儿孩子就进来了。然后我们坐在旁边认真观察其他小朋友玩游戏,仔细研究游戏规则,接着孩子实在忍不住了,在我的鼓动下,他立刻主动去参与了。接下来我自然退场了,孩子也就开心地参与到小伙伴的活动中去了。

博士后妈妈有话说：

　　再次回忆一下这两次事件的经历后我就发现，遇到孩子怯场的情况，家长首先不要着急、慌张。例如曾经有个小朋友，一开始说好了去当升旗手，周末在家还准备得很充分，结果临到上场就紧张了，不敢上。孩子出现这种情况是很正常的，首先在场的大人不要生气、呵斥或者紧张、慌张；然后，我们要想办法帮助孩子克服这种恐惧和紧张，例如陪孩子站在一起，拥抱孩子，要知道，真正去展示或接触什么时，就会不紧张了，最紧张的时间是在上去展示表演或者真正接触什么之前的这段时间。

　　我们家长需要把握好这段时间，陪孩子一起做放松活动，甚至于家长一定要有这样一种心态，哪怕孩子没有达到我们预期的样子，我们也一定要给予孩子信心和耐心的陪伴。终有那么一次，孩子一定会自己勇敢地去克服内心的恐惧，因为他经过了锻炼和体验。

第七章　当孩子闹情绪时,怎么办

一、面对出现分离焦虑的孩子

平日,我大多时候都是在孩子未起床时就去上班了,今日却因为工作时间的安排特意留在家,准备亲自送孩子上学。

没想到,把孩子送到校门口,当我转身离开要去上班的那一刻,孩子开始就有情绪了。他带着哭腔,抱着我,可怜巴巴的样子说:"妈咪,我不让你走……你别走……你在学校门口陪我!"孩子用各种方式来表达这种分离焦虑。我很清楚:一般来说,孩子的情绪上来了,不会马上就停止的。所以我在内心里不会期待,也不奢求孩子立刻停止小声抽泣这种情绪发泄的方式。

因此,当孩子出现焦虑并哭泣时,我并没有立刻制止他,更不会采用呵斥的方式来制止这种行为,因为我知道,呵斥孩子起的反作用可能更大。

此时我轻轻地在他耳边说:"嗯,你的想法很正确,妈咪理解你。真的,我很理解你。"听到我这么说之后,孩子的情绪小了一点儿。等他到车上时,再次说:"妈咪,我不让你走……"我依然轻声细语地回答:"嗯嗯,是的。你的心情我很能理解,我完全赞同你。"

待见到老师时,孩子就主动跟着老师走了,跟我挥手说再见,老师反馈的结果是,早上入园情绪稳定。

 博士后妈妈有话说:

当孩子闹情绪时,切记以下几条:

第一,不要以暴制暴,强迫孩子压制情绪。

第二,不要在孩子闹情绪时,大人跟着闹。大家一起闹,情况会更糟糕。

第三,不要转嫁情绪,比方说哄孩子,你不哭我就给你买什么玩具和吃的。

第四,不要引导孩子对无辜的事物发泄情绪。

我们要做的事情就是:给孩子情感支持,理解孩子,而后指导孩子释放和有效管理情绪。

二、当孩子情绪崩溃时

一大早起来,表姐(比颌米大一岁多的表姐)不知道因为什么原因，就开始哭泣。不管奶奶怎么哄都不行，奶奶不停地问，"你怎么了？"而孩子就是不说话。

这时，只得由我亲自出马了。

一分钟内搞定，孩子很快就露出笑容。奶奶很好奇地来问我："你是用什么方法哄好她的呢？"

很简单！看着情绪崩溃的孩子，首先就是拥抱。把孩子抱起来，轻轻地说："哦，你肯定是想妈妈了吧？"给予母亲式的拥抱，是安抚孩子的第一步。紧接着，马上转移孩子的注意力。把孩子抱到我的卫生间，跟弟弟放到一起，准备一起比赛刷牙吧！

刷牙前，我让孩子先看看弟弟刚理的头发，"你看，多么像飞机坪。"我立刻用纸飞机试飞一下，假装停在机场，两个孩子都笑了。接下来，一切就自然而然地在快乐中进行了。

博士后妈妈有话说：

其实，孩子们都会有偶尔的小情绪，大人或许因为没有在意，孩子的情绪崩溃就发生了。这个时候，我们不需要去刨根问底，为什么呢？因为它就是个情绪问题。解决情绪问题的最好方法还是用"情绪"来化解。

不要一直盯着"情绪问题"，越想要知道究竟，有时候越难以化解情绪问题，倒不如寻找路径，帮孩子找到另外一种情绪。毕竟孩子的心思是简单的,情绪问题也很容易转换。

三、请适当允许孩子"哭"

昨晚,我家发生了这么一个故事:弟弟和表姐正在玩,忽然我听到表姐哭。原来弟弟把飞机放在表姐头上,结果飞机掉下来,砸到了表姐的脚。因为我比较紧张,担心表姐受伤,就忙着安抚表姐,也顺便批评了一下弟弟,训斥弟弟不应该拿飞机这样玩。

结果,弟弟就开始伤心地哭了。看表姐差不多情绪好了,我就过去抱抱弟弟,并且安抚他,很快他也平复了心情。之后,弟弟的一句话让我真切地感受到他受伤了。

心情平复后,我让弟弟跟表姐道歉,弟弟说:"对不起!"我无意中补了一句:"我不是故意的。"

没想到这一句话却触发到了弟弟的情绪点。他忽然很委屈地对我说:"我不是故意的,可是你却批评了我。""是啊,我批评了你,怎么啦?"弟弟接着说:"你批评了我,我很伤心。"我立刻停下手中的工作,赶紧抱着他,再次安抚他,并且正式向他道歉。孩子这才放过这件事。

原来,别看孩子小,孩子真的是会"受伤"的。这也警示我,批评前还是要先听听孩子的心声。

博士后妈妈有话说：

一说到孩子哭闹,家长就会心烦,总会忍不住跟孩子说:哭有什么用,有事不能好好说吗?持这种想法的父母,常常一见到孩子哭,就很容易动怒。其实啊,孩子的哭里面是有很多丰富的内容值得我们进一步去反思和学习的。

第一,"哭"就是孩子的一种表达方式。很多时候,成长中的孩子还未具有丰富表达力的时候,"哭"就成了孩子最有力的一种表达方式,只要他一哭,就能引起他人的注意,就会为自己争取被关注的机会以及深入表达和解释的机会,所以我们先要理解孩子。

第二,"哭"也是所有人情绪释放的有效方式。大家不要被传统的观念所束缚,认为"哭"对身体不好,实际上,适当的"哭"无论是对身体还是心理,都是有好处的。哭的过程对孩子的身体发育、肺部功能是有一定好处的,而且作为情绪释放方式,适当的"哭"也是缓解压力的好方法。例如,每当我压力过大的时候,我也会想办法(比方说找部十分感人的电影看看,让自己哭出来)释放自己的情绪,化解压力危机。

这样看来,"哭"并不是坏事,所以希望大家首先能够接纳孩子"哭"这件事,而后我们也要学会理智地分析、判断和甄别各种

"哭",从而指导自己的行为:

1.辨别"真哭"与"假哭"。在成长过程中,有些聪明的孩子会发现"哭"能让自己获得很多利益,比方说看到父母赶紧买糖、买玩具哄自己,他们就会将"哭"变成自己的获利手段,经常性使用,这就要求我们父母辨识真假。例如,昨天看见一个孩子想去游乐场玩,妈妈确实是忘记带卡了,跟他解释也没有用,他就是耍赖地哭,对于这种哭,建议家长可以不必太在意,做点思想工作,然后温柔而坚定地离开就好。

2.辨别"受伤地哭"与"释放地哭"。孩子有时候也需要情绪释放,例如饿了、累了、没睡好,会有些释放情绪的哭泣,大人需要平时留意与观察,发现规律后就不必紧张,但有时孩子确实是因为受伤了哭泣,这时候一定要进行适当的安抚。

四、认真教给孩子发脾气的方法

今天,我家孩子发脾气,摔手上的玩具,我就是这么做的:等孩子摔完后,我轻轻抱起他,对他说:"你生气了,对吗?生气是有方法的,不能摔东西。你看我!"于是,我给孩子示范了生气的样子,用怒瞪、表达等方式来显示我生气了。孩子很快就学会了。晚上,还给奶奶演示了一遍,以此强化。

博士后妈妈有话说：

话说，谁没有个脾气啊？只要是人，都会有发脾气的时候，也就是生气的时候。生气是人的一种正常的情绪。

如果我们从小告诉孩子："你不能生气，生气是不对的。"那么，我也告诉家长们，压抑情绪也是不对的。常常会有人说，要学会控制情绪、调节情绪。其实，我想告诉大家，对于孩子来说，发脾气本身就是一种调节情绪的方式。

一个孩子遇到不顺心的事情时，就喜欢发脾气。面对孩子发脾气，我们应该如何应对呢？

首先，保持绝对的冷静。记住，千万不要"以恶制恶"。什么意思？就是不能以比孩子发更大的脾气，来压制孩子的脾气。孩子哭，您就打；孩子闹，您就直接生气走人……这些都不是最佳方法。

其次，建议认真地教给孩子发脾气的方法。之后，每次孩子要生气时，就要记得复习发脾气的方法，这绝对是更有效地帮助孩子调节情绪的方式。

五、给孩子释放情绪的机会

今天我去学校接孩子，老师见到我先是表扬了孩子，而后就开始说孩子了。因为孩子和几个大的孩子在一起玩得比较兴奋，可能有些规则就没有遵守。老师自己也说了，可能是她要求比较严格，这跟每个人所能容忍的限度是有关系的。我听后也让孩子跟老师保证了一下，说明天会注意的。

因为我们批评了孩子。回家的路上，虽然孩子不说出来，但明显感觉到孩子有些不太高兴了。因为我知道，我家孩子是个很要面子的人，看到老师当着他的面这么说他，他心里自然觉得有些委屈。回到家后，他也没有说什么。接着，我带他去取快递，他本以为快递是我给他买的玩具，但结果不是，这下他心里更加不舒服了。

这个时候，孩子的负面情绪已经在累积了，当我拒绝他的请求时，他的情绪终于无法再隐藏了，全部爆发出来。他伤心地哭起来，而且是很伤心很伤心的那种。

在他情绪爆发的时候，我什么话也没有说，就让他哭，一分钟之后我把他抱起来，让他继续哭。发现孩子情绪在崩溃边缘的时候，说什么都是没有用的，最好的办法就是直接抱着，或者拿个玩具转移下他的注意力。

几分钟后，孩子的情绪终于释放得差不多了，在他慢慢恢复平静后，我们才开始了后续的对话。

博士后妈妈有话说：

说句实话，我们很多家长关心孩子身体的健康胜过关注孩子心理的健康，主要是因为身体的健康如果出了问题，是很容易被发现的，然而心理的问题出现时，大多数人是觉察不到的。

孩子也是会隐藏和掩饰自己的内心世界的，所以更加需要我们做个有心人，去关注、观察和体谅孩子，进而创造机会让孩子释放情绪。在生活中，孩子们只要做错事，或者被批评的时候，情绪就很容易低落，内心是很难过的，我们做家长的，切忌在这个时候火上浇油，而是要努力给孩子创造释放情绪的机会，留足时间给孩子自己去释放和调整情绪。

第八章　如何让孩子安静下来

一、当孩子难以入眠时

今晚,我家孩子兴奋异常,难以入眠。即便我熄了灯,播放安眠的音乐,孩子还是在床上翻来覆去,辗转反侧,就是睡不着。此时,作为家长我们该怎么做呢?

我采用了"催眠"的方式。我和孩子面对面盘腿坐着,然后让孩子轻轻地闭上眼睛。一开始孩子也是不配合的,但是我选择了严肃的表情,孩子开始慢慢地进入状态,接着我们就开始启动"催眠"。我用一种比较低频的声音(一般我们称之为催眠声调,这种独特的频率波段与大脑脑波能协调),开始跟孩子描述想象的脚本。这一次,我选择了与孩子一同乘坐宇宙飞船的脚本,想象怎样开启飞船,放松身体,而后不断地升空,10米、20米……穿插放松身体的口令,慢慢地,孩子就真的安静下来了。睁开眼睛之后,孩子变得静心了。

接下来的几天,孩子的表现都让我欣喜,躁动已然消失。

博士后妈妈有话说:

作为父母,我们都知道,睡眠对于孩子的重要性:能促进生长,影响身高,提高抵抗力。然而,我们又发现,孩子总不是那么自觉、乖巧到自己能够按时入眠,于是父母就有些着急和焦虑,怎么办呢?

首先,做到第一点,绝不焦虑,也不跟孩子说:"你还不赶紧睡觉,明天要上学呢!"因为这种焦虑和心理暗示对于催眠是完全没有作用的。这一点对于大人来说,也是一样的。不要强化自己不能入眠的焦虑!作为父母,我们先要自己理解,其实每个人每天都不可能完全一样,孩子出现这种情况肯定也是有原因的。同时,即便就是晚一点点睡,也是自然现象,或者说人的身体能够自然调节。这么一想,我们就不焦虑了,静静地陪着孩子就好。

第二,当听音乐无法入眠时,不妨换成讲故事,讲一个长长的、不是那么令人兴奋的故事,甚至于我觉得就跟孩子讲讲自己过去的老故事,也是一个不错的选择,帮助孩子进入一种困乏的思维状态。

第三,若故事还未见效的话,我们就选择静静地躺着,轻轻地拍抚着孩子的肩膀,给孩子轻轻地吟唱"催眠曲",让孩子感到温暖、舒适、甜美,相信孩子此时一定会慢慢进入梦乡的,或许你也进入梦乡了。

第四,或者你还可以学一点催眠,在这个时候,不妨给孩子做做催眠,帮助孩子更快入睡。说起"催眠",很多人都会觉得它是件太神奇的事情。甚至一些人只要出现心理问题就会来咨询:能否帮忙做催眠啊?这是过分夸大催眠的作用。一方面可能是由于人们看了一些电视剧的原因,但另一方面也有可能是因为人们对于心理问题手足无措的时候,寄希望于"催眠"。事实上,我想大家对催眠的误解比较深,第一就是过分夸大它的神奇作用;第二就是以为只有催眠师才能做到。其实,我想说的是,"催眠"是一种利用自己的想象能帮助到自己的方法。某种意义上,催眠就是帮助孩子进行想象。

二、孩子玩疯了停不下来,该怎么办

我出国了一个月,或许因为出去的时间比较长,等我回到孩子身边时,忽然间发现孩子比之前贪玩了,总是自己一个人创编各种游戏,根本停不下来。

到了晚上,该洗澡睡觉了,他还兴奋地拿着小车子在玩过山洞的游戏。我跟他说要洗澡了,根本不管用!

此时此刻,我又开始启动反思模式,对于处于极度兴奋状

态下的孩子,有什么办法让他听我的话呢?迅速搜索相关经验和知识,立刻做出如下反应:

我凑过去跟他说:"哇!这个车真的是厉害啊,能自己穿越山洞。来,到这边试试,看能否穿越颉米裤子的山洞呢?"(然后给孩子脱衣服,准备洗澡)孩子把注意力转到我这边来了,而后我顺势再引导:"不如,我们去浴室看看,那里的飞机是不是也能像这个车子一样厉害呢?"孩子迅速配合我,来到卫生间准备冲凉。

博士后妈妈有话说:

如果遇到孩子兴奋不已,无法听从大人劝告的时候,我们该怎么做呢?

首先要意识到,孩子玩疯了停不下来,表示他的右脑情绪正在高涨,情绪完全主导着行为。在左脑的理性思维还未发展好的时候,我们必须要学会用一定的方法和策略来引导他情绪的改变。

第一,他兴奋时,我们可以迅速兴奋,与他同步。之后将其带入"大人"主导的情景中,让他逐步放缓自我的情绪步子,节奏放慢之后,就能开始听"大人"说话了,进入情绪沟通与交流阶段。

第二,要学会转移孩子的注意力。当他正沉浸在自己的情绪世界中时,大人的语言几乎是无效的。就算我们喊破喉咙,吼得声音嘶哑，效果也是微小的。不如换个方式，用别的情景来转移孩子的注意力，这就为降低兴奋节奏奠定了基础。

第三，创造让孩子暂缓的情景。孩子在玩得兴奋的时候，可能会口渴，于是用一个水壶就可以把兴奋中的孩子叫过来暂停，这个暂停的契机就给予了我们跟孩子交流和谈判的机会。

第四，在情绪平稳或暂缓时，记得给孩子做好停止前的思想准备工作。准备工作一定要做足。跟孩子商讨我们要准备回家了，你再玩几分钟？或者说我们下一步要做什么了？就再玩几分钟！一旦跟孩子做了商讨，他有了心理准备，很多情绪冲突就避免了。

三、请温柔而坚定地带走

今晚，我带孩子去游泳，孩子非常兴奋，也玩得很开心。但是，当玩的时间差不多了，我提出要回家的时候，孩子就开始不同意了。过去，我只需要问：Please check up your fingers! Are they getting changed？（请你检查一下你的手指，它们的皮肤是不是都皱起来了？）孩子就会主动上岸回家。但现在，孩子长大了，根本不在乎他的手指头了，他说 No!（不！）于是，我改变了策略，用的是我们平时与孩子沟通的方式，就是"缓冲带"方法。

我与孩子约定，你再玩几分钟，看好钟表，到了那个时间就得走。这种约定一般是能比较好解决这种冲突的。

不过，有时候也有特殊，就像今天，到了时间，他还是有点舍不得走，不过他只是嘴里哼唧，身体还是走向岸边。于是，我就温柔而坚定地带走了孩子。

回家的路上，我立刻使用"转移注意法"，孩子就不再提游泳的事情了。

博士后妈妈有话说：

许多时候，孩子与父母之间的冲突都是因为彼此的观念不一致而造成的。这里可能包括大家的目标不一致，某些概念的不一致，诸如此类。在日常的生活中，造成冲突最多的地方可能就是时间概念的不一致。

说实话，在与孩子的每一次相处过程中，我都能更深入地了解"儿童"，他们的时间观念和大人的时间观念就是不一样，因为他们并不知道时间的长与短，也并没有任务和目标的制约。对于孩子，只要是在做自己喜欢的，多长时间都不算长。因此，我们做家长的，还是需要启动"温柔而坚定"模式，该终止的必须要终止，保证孩子时间的科学规划和管理。

第九章　为什么孩子会表现出两面性

一、理解孩子的"两面性"表现

今天,颉米的小表姐来我家做客。两个孩子见面后,都显得非常开心。这一整天,无论是在生活自理方面,包括吃饭、穿衣、收拾玩具,还是沟通交流、社会交往等方面,两个孩子都表现得非常棒! 与平时独自生活时完全不一样。这让我们看到了他们的另一种"样子"。

这大概就是我们常常听到和看到的现象:"为什么孩子在家和在幼儿园表现不一样?""为什么孩子在家和去别人家做客不一样?"这种现象被称之为孩子的"两面性"。

 **博士后妈妈有话说:**

其实,我们需要理解这种"两面性"的实质。这背后

潜藏着孩子的社会性意识水平以及自尊心。

家是孩子觉得最安全的地方，也是可以任意依恋和任意要性子的地方，他知道自己完全没有竞争对手，进而也就会显得随意、任性一些。尤其是在独生子女家庭，孩子会更娇气一点儿。然而，换个环境，进入学校后，孩子就变成了众多孩子中的一员。他意识到，自己需要表现好才能获得更多的关爱，也很清楚自己要遵守规则才能获得认可。于是，孩子就表现得更加自立、自强。

这样看来，"两面性"并不一定是坏事，家长不必过于焦虑。这是其一。另外，更重要的是，如何将孩子在家中的表现与学校的表现，或者把孩子的多面性表现沟通起来，让这些表现综合起来形成促进孩子健康发展的动力要素，可能是我们应该做的。

二、过年了，孩子反而表现不佳

今日有朋友咨询我，她家女儿跟我家孩子差不多大，平时很乖巧，而过年人多时却表现不佳，霸道野蛮无礼、固执逆反，无论做什么事总是要花费很多口舌去讲道理才会听话去做……这让朋友感到很苦恼，也感到筋疲力尽，想寻求帮助。

有些孩子在过年时，也表现出了一些类似的情况：平时很会打招呼，但过年时，忽然到了一群亲戚中间，也有不想张口打招呼的时候。

为了预防这种情况在颉米身上出现，我提前做了点儿功课。

预想到过年时，孩子见到的亲戚朋友多，所以我提前教孩子识别爷爷奶奶、叔叔阿姨、哥哥姐姐。我告诉孩子，凡是跟爷爷奶奶长得差不多年龄的，就叫爷爷奶奶，跟妈妈长得差不多年龄的，就叫叔叔阿姨，这些孩子还是能够分清楚的，因此也不感到太困难。同时，教孩子说几句吉祥的话语："恭喜恭喜！""新年快乐！""万事如意！"

有了准备，孩子在过年时就不会感到不适应，所谓的差异性表现就不会那么明显了。

博士后妈妈有话说：

过年时，在孩子身上很容易爆发"牛不喝水强摁头"的现象，所以我希望家长们能够尽量去避免。"强摁头"的内容一般包括：一连串儿的长辈称谓；当全家人的面儿说吉祥话；秀一秀新才艺。如果孩子没有做到，家长心里很难受，也让孩子很尴尬。而孩子之所以不够配合，并不是孩子不听话或耍脾气，更有可能是一些心理上的预习家长没有做到位。有三点小小的建议：

1.能够提前做练习。我们能预知到会有怎样的场景时，可以提前给孩子先做练习，预演一下，这样让孩子不至于太措手不及。

2.父母要做"破冰"之人。不管是什么亲戚朋友，初次见面时总是有点"尴尬"，就是我们说的"隔膜"，人际交往间的"隔膜"可以由父母来打破，这就叫作"破冰"。比方说，见到陌生亲戚，孩子不愿意打招呼或者亲近对方，家长主动打个招呼，而后主动介绍自己家孩子，这也是不错的方法；面对亲戚家的孩子，家长直接拿出玩具，很快孩子们之间的尴尬就消失了，剩下的就是他们一起玩儿了。

3.孩子若表示出不愿意，家长不要"强摁头"，这一点是我自己一直坚持的基本原则，因为我相信自己的孩子，在必要的时候，他能表现得很好。

记住，在类似于春节这样的特殊时期，作为家长，不是去炫耀自己的孩子，更应该做孩子的支持者，适当时候给孩子递上辅助之手，帮助孩子成功克服各种交往困境。

三、我们遇见了爱"打人"的孩子

晚饭后，我们一家人出去散步。孩子骑着新买的滑板车，十分开心地在小区里穿行。恰好遇到了小伙伴，更是兴奋。于是，颉米提出来一起比赛，小伙伴骑自行车，颉米骑滑板车，因为滑板车轻便快速，所以颉米很快就超过了小伙伴。两个人正比得津津有味时，又来了一个小伙伴（以下简称"新伙伴"）。

故事也就从这时开始了。因为路上人多，两个骑自行车的小伙伴撞到了一块儿，这时，新伙伴就伸出手打人了，当然我们的老伙伴也不甘示弱，两个男孩扭打在一块，我立刻出手制止。还好，事情没有进一步发展。颉米见到孩子们打架，就悄悄地离开了。两个男孩的母亲在后面慢慢跟上来，见到这情形，也没有怎么处理孩子，安慰下孩子们就直接随我们来到了游乐场。

在游乐场，我们一起玩"猫捉老鼠"的游戏，孩子们也都十分兴奋。一开始，我当猫，大家当小老鼠，但我们的游戏规则是被抓到的老鼠要表演唱歌，接着就变成了猫。颉米正好被我抓到了，他大声地唱完一首歌后，变成了小猫，开始抓老鼠。经过一轮的挑战，颉米恰好就抓到了那个新伙伴。谁知，颉米还没说完"我抓到老鼠了"，就被那个新伙伴一顿乱打。

此时，我立刻拉开颉米，并告诉小颉米："这只小老鼠还不懂规则，它这是在反抗呢！"颉米也很大方，就继续去玩他的游戏了。

博士后妈妈有话说：

说到"新伙伴"，我家大姨在路上就告诉我："这个孩子经常会'打人'，每次下去玩都会碰到他'打人'。"这也让我明白，为什么孩子们打架时，母亲们会无动于衷，可能就是因为她们见得多了。

但是，我倒是想告诉孩子父母，爱"打人"的孩子，如果不正确引导的话，是会对孩子的社交带来一定影响的。像今晚的游戏，后来其他的孩子就直接把他排除在外了，因为他违反规则。经常这样的话，就会对孩子带来一定的负面影响。所以，我建议，我们还是要认真对待和分析孩子"打人"行为背后的原因，帮助孩子更好地与人交往，促进良好社会情绪和认知能力的发展。

"打人"的原因是多种的，有的孩子是因为在交往中，自己不会表达自己的想法，一着急就打人；有的孩子是因为自我意识萌芽，简单说很多时候打人是因为过度防卫，可能别人没有侵犯他，但他以为是，于是就打人（今晚的游戏环节就是这个原因）；还有的孩子是因为模仿电视或者父母造成的……原因多样。了解分析孩子后，给予孩子正确的引导。建议在最初出现这种打人现象时，家长能严肃地对待这个问题，尽早将错误行为消灭在萌芽期。

四、当孩子提出不合理要求时

最近，我给孩子设计的飞机场游戏，孩子非常喜欢，甚至有点着迷了。放学回家，孩子的第一件事就是建造飞机场，从为飞机盖房子到送飞机进房间，再到让飞机去执行飞行任务，整个项目完成大致需要 1 小时。

尽管很辛苦，但孩子就是很喜欢。结果，到了晚上冲完凉后，孩子就提出来，要将如此巨大的"飞机场"搬到睡觉的床上去，这显然是有点不太合理的要求。

面对孩子提出不合理的要求时，我们家长应该怎么做呢？我是这么做的。

首先，表示重视。"嗯，哦！看来你真的很喜欢这些飞机啊！想和他们一起睡觉，是吗？"孩子表示认同地点点头。

接着，表示不同意，巧妙而坚决地拒绝。但我们不能生硬地拒绝孩子。我对孩子说："这样啊！那我问问飞机们的意见，好吗？"我凑到飞机身边，假装很认真地征求意见道："请问你们愿意去我们的床上吗？""飞机告诉我，说他们都很累了，今天执行了一天的飞行任务，真的很累了，不想搬家了。"孩子还是有点儿不愿意。

第三，转移注意力。有了刚才的情感铺垫，下一步就是找一个可以在床上玩的游戏，来分散孩子的注意力。此时，孩子早已把飞机场的事情抛到脑后去了，顺利过渡到睡前阶段！

 **博士后妈妈有话说：**

由于孩子处于感性经验为主的阶段，任性是孩子的

正常表现,于是出现不合理要求也是常有的事情。

因此,面对孩子提出的不合理要求,我们家长首先要判断孩子提出这样要求的原因,切忌过分溺爱与随意满足。

建议能够遵循以下的原则来做:

第一,表示尊重。不管提的是否合理,还是要先表示重视,不能忽略。

第二,坚守原则。要想办法委婉地拒绝这种不合理的要求,但不能生硬,生硬的方法容易对孩子造成伤害。

第三,转移注意力。孩子对于某个东西、某件事的执着,许多时候是不理性的,所以我们成年人只需要适当地转移下孩子的注意力,他就可能会忘记自己的不合理要求了。

五、孩子第一次"护怀"

一直以来,我都以为颉米很大方,从小就很乐意跟别人分享自己的东西。但是,今晚,孩子却第一次出现了"护怀"行为。事情的经过大概是这样的:

小表姐今天肚子不舒服,呕吐了。于是我带着他们来到了医院。坐在医院长凳上等候叫号的时候,我就想抱着表姐帮她摸摸肚子。刚抱上,颉米就蹭过来了:"妈咪,我也要抱。"我还以为他是开玩笑的,就说:"表姐现在不舒服,我帮她摸摸肚子。我现在也是表姐的妈咪。"谁知,这句话一说,颉米瞬间情绪崩溃,一下子就伤心地哭起来了。接着,我马上也把他抱起来安抚他的情绪。等他情绪平稳后,问他:"什么东西都可以分享,就是妈妈不能分享,是吗?"他点点头。

接下来一晚上,颉米都黏着我,不肯离开我半步,还在我耳边说:"妈咪,我非常爱你! 我永远在你身边。"说实话,这件事对我的触动是非常大的,没想到妈妈一句随意的表达,就给孩子带来这么大的伤害。晚上,睡前我还是跟颉米谈了谈心,告诉他:"妈咪抱别人是关爱他人,这并不意味着妈咪就不爱你了,就不是你的妈咪了。"

博士后妈妈有话说:

很多孩子在非常小的时候就出现了"护怀"现象,这表明孩子的自主意识在发展。他们知道父母是自己的,但同时也因为他们不明白爸爸妈妈抱别人意味着什么,所以才会情绪崩溃。

孩子出现"护怀"的时候,家长也需要关注,因为"护怀"这种情结是需要疏导的。如果疏导不好,等到成年了,可能还会带有这种不能与他人分享"爱"的情结,导致"嫉妒"甚至更加过激的行为出现。

自孩子出生之日起,我们就要懂得,给予孩子安全感是至关重要的。其实"护怀"行为也是孩子索求安全感的一种表现,家长应该做到不责骂,并要反馈孩子,给予他一定的安全感。

社会参与素养

自孩子诞生之日起,他就要面临一个充满复杂情感和关系的人类社会,他必须学会参与社会。然而,未来社会却充满着不确定性,个体与社会之间的矛盾也逐渐加深。由于网络的出现,导致新型社会关系的诞生,许多孩子都容易出现"宅居"现象,这为整个社会的发展带来了极大的挑战。因此,社会参与是未来人才所需的三大核心素养之一,值得家长们重视。

社会参与素养重在强调能处理好自我与社会的关系,养成现代公民所必须遵守和履行的道德准则和行为规范,增强社会责任感,提升创新精神和实践能力,促进个人价值实现,推动社会发展进步,发展成为有理想信念、敢于担当的人。可以看到,社会参与素养最内核的本质就是社会责任感。社会责任感包含两个层面:其一是观念,其二是行为。具体来说,体现为两个指标:观念层面叫作"责任担当",行为层面叫作"实践创新"。

深入解读,我们清楚地了解到,社会参与包含三大本质:第一,价值观选择;第二,实践育人;第三,创新育人。

培养孩子的社会责任感,最首要的是要培植他的价值观。而在我国,我们所选择的价值观体系就是"社会主义核心价值观"。基于孩子"社会主义核心价值观"的形成机制,我们主张,孩子的核心价值观应是在参与社会互动中形成和发展起来的。

基于此,针对孩子的"社会参与",我们一定要在生活中给孩子创造条件、提供机会和平台,让孩子不断参与社会活动,与社会进行互动,从而形成价值观。

参与社会,最需要我们引导孩子在日常生活、学习中发现问题,将真实生活中的问题情境与纯粹的书本学习进行很好的链接,这样才能引导教育回归生活,真正激发儿童的学习动力。同时,更需要我们重视孩子"劳动意识"的培养。我们要充分鼓励和引导孩子去接触自然、了解社会,培养孩子的动手能力,提升劳动技能,培养其热爱劳动的习惯、艰苦奋斗的精神。

在实践与劳动中,我们还要鼓励和引导孩子进行"创新",创造力的培养已经成为当前各国人力资本竞争最核心的要素。发展幼儿的"创新素养",要尊重儿童的天性,在"游戏活动"中激发儿童的创造力天性;发展幼儿的"创新素养",要努力营造创造性的环境,给予孩子一定的自由和幻想的空间,呵护儿童的创造力天性;发展幼儿的"创新素养",也并非要一味地排斥知识学习,而是要巧妙、科学地给予孩子更多丰富多彩的平台和知识基础,从而最大限度地完善儿童的创造力。

第十章　爱国主义教育应从娃娃抓起

一、小小升旗手

快开学了,老师提前告诉我,开学那天会让颉米当小旗手。我把这个消息用兴奋的、夸张的语气告诉孩子,孩子也非常高兴,因为他曾经看过天安门广场上升国旗的情景。为了让孩子对升国旗更加敬畏,我又找出来升国旗的视频,孩子认真地观看整个升国旗的过程。

对于解放军叔叔,孩子一直是很敬仰的,仔细观看解放军叔叔齐步走、正步走、敬礼的样子,最后孩子自己还模仿了一遍。

第二天早晨,当别的孩子还在闹着不上学的时候,我们家孩子却兴高采烈地上学了,一路上还不断想象着升国旗的样子。到了学校门口,就跟我们说再见了。

晚上回家后,看到老师发来的照片,颉米真的是很认真地对待升国旗!走路很认真,行注目礼也做得不错,最后,升完国旗往回走的时候,大家都还在嬉笑着,颉米却认真地在敬军礼。

博士后妈妈有话说：

别小看一次当升旗手的过程，这就是我们对孩子进行爱国主义教育的最好契机。

说实话，随着全球化进程的推进，作为父母的我们，不仅要让孩子懂得国际交流的礼节和语言，更应关注对孩子进行价值观教育。我以为，对于小孩来说，爱国主义不可缺少。我记得，我们教孩子说的第一个英文单词就是:China(中国)。国旗象征着我们的祖国，让孩子从认识国旗，尊重国旗，爱护国旗，严肃升国旗的仪式，是我们能够做的，也是必须要做的。

二、清明节，我们这么过

对于住在城里的我们，清明节显得并不特别，跟平常的假期差不了多少，因而许多人会选择就在家里待着。不过，我以为，作为中国传统文化的一种表征，我们还是应该重视这类的节日。因此，今天我们是这样度过的。

1.清明节又叫踏青节，在仲春与暮春之交。"踏青"成为我们的首选。首先感谢亲爱的小兰阿姨，安排了"踏青"的好去处。一早起来,我们就开始准备外出踏青的东西,怀着满心的期待来到了美丽的白云湖公园。天公作美,今天的踏青活动十分完美,打球、骑车、看海底世界、吹泡泡、游乐场游玩,系列踏青活动让我们感受到了春天的气息,融入到了大自然的怀抱。

2.聊聊"清明"那些事。一出门,我们就开始聊起了清明节的由来。奶奶不知道是从哪里听来的野史,她告诉我们:传说在很久很久以前,有个人背井离乡,外出求生,最后竟然当上了皇帝。等他功成名就,归乡探亲之时,才发现自己的父母早已去世。想去祭拜父母,却连是哪座坟墓都不知道。于是,他在全国下了一道命令,让所有臣民都必须在清明这一天去给自己的祖先上坟并挂青。如此一来,当人们都去给自己的祖先挂青后,留下的唯一一座没人挂青的坟墓大致就是这位皇帝的父母了。孩子听得很入神,我尽管对于这个故事有诸多疑问,不过听完后也被皇帝的孝心所感动,于是也就顺着这个故事来与孩子讨论清明节的意义了。

3.吟诵清明的古诗,重温传统文化。说起清明,我以为脑海中还是要留下点什么,所以我们一路上也在努力地背诵与清明相关的古诗。最喜欢的还是杜牧的《清明》:"清明时节雨纷纷,路上行人欲断魂。借问酒家何处有?牧童遥指杏花村。"

博士后妈妈有话说：

随着时代的发展，传统节日当然也应该与时俱进。对于文化的传承，或许最重要的并不是形式，而是精神与价值观。

通过"清明节"，我们希望传递给下一代的价值观是教会孩子懂得感恩，同时将怀旧与迎新融合。既要引导孩子学会感恩先辈，传承民族精神，更要关注当下，健体养智明德，此乃民族延续之本。

三、不一样的端午节

今天，很感谢龙潭小学校长的邀请，我有幸得以带着孩子参加一年一度的广州市本地龙舟节。观赛龙舟、吃龙舟饭都是一种非常不错的体验，我想这将会在孩子心目中留下美好的童年记忆，也将成为我们逐渐融入本土文化的极佳途径。

岭南文化以其独有的多元、务实、开放、兼容、创新等特点，采中原之精粹，纳四海之新风，融汇升华，自成宗系。

今日首先目睹岭南的宗祠文化。在乐善好施的白公宗祠内，摆上大大小小的一百来台餐桌，来自广东、湖南的白家后代集聚一堂，共度龙舟节，声势可谓浩大。亲人们见面时的亲切、感动,重温先辈祖训,承继文化,这种方式不得不说是值得传承和发扬的。

透过宗祠,还能目睹岭南建筑文化,无论是石雕还是木雕,做工都是非常精细的。印象特别深刻的就是门口的一对小狮子,传说日本侵华期间,有日军想取狮子口中的石珠,想尽一切办法敲断狮子牙齿都未成功,足显示出这一做工的精美绝伦和巧夺天工。珠子并非先放进去的,而是与石狮浑然天成。

随后我们来到河边,体验龙舟文化。来自不同村里的龙舟队员,身着各色队服与救生衣,锣鼓声阵阵,鞭炮声啪啪,孩子见到很兴奋。没有亲眼看到龙舟赛的人并不知龙舟的危险。只见在狭长的龙舟上,坐着几十号人,特别是龙舟头尾的人,所占空间不足 30 平方厘米,也就差不多一个大点的鼠标垫那么大,要全身摇晃,边喊边做动作,整个龙舟都是摇晃不止的。站在旁边看,才能感觉到其惊险。

最后体验的是吃龙舟饭。这里的风俗是,吃了龙舟饭,老人身体健康,小孩快快长大,寓意非常棒!所有菜式都是有寓意的,全村人聚集在一起,真正让我体会到什么叫作"兄弟无远近,万里尚为邻"。

这真的是一个特别的端午节。

博士后妈妈有话说：

作为现代都市移民，我想谈谈对于融入本土文化的重要性。尽管大家的生活已经现代化，但不能否认居住在现代城市的，像我们这样的移民大多还是把自己当作外来人。于是，每逢过节时，就拼命往家乡跑，而由于在家乡所待时间不长，且难以维持传统的风俗习惯，以至于时至今日，回家的动力也不足了。可以想见，若无法根植于本土的文化根基之中，内心深处的根基则始终无安身之处，一种真正的家的归属感始终难以发展。

文化适应性与融合性，对于现代都市移民来说的确很重要。说实话，在孩子成长过程中，我们有义务帮助孩子不断建立文化自信，在孩子心中埋下家国情怀的种子。

第十一章 在"竞争"中培养孩子的合作精神

一、幼儿"竞争"意识萌芽的关键期

今日，我接孩子放学回家，路上问表姐觉得幼儿园怎么样啊?表姐就是避而不谈。但是,一谈到颉米午睡的问题时,她忽然就开始告状了,告诉我颉米是一个人一张床,没有跟其他小朋友在一起。言下之意呢,因为小颉米午睡表现不乖,才被老师安排为一个人睡觉。别小看这一个小小的描述,它表明了表姐的内心世界:已经萌发了"对比与竞争"意识,毕竟表姐还是要年龄大一点儿。

然而,到了晚上,我们一起玩积木,两个小孩都砌了高架桥。我表扬了颉米,说他的桥很漂亮。接着,我问颉米:"表姐砌的桥怎么样呢?"颉米立刻说:"表姐的很漂亮,我的也很漂亮。"如此看来,弟弟的"竞争"意识就并不明显。

博士后妈妈有话说：

可见，孩子的"竞争"意识也是有关键期的，当孩子进入了"竞争"意识的萌芽期，家长要学会理解和适应，通过适当的语言来引导孩子的竞争意识转化。

随着孩子年龄的增长，在充满竞争的社会环境影响下，会逐渐萌发"竞争"意识。这种"竞争"意识的心理机制是自尊心和好胜心。如果发挥和引导得好，它就会成为推动孩子成长的有效动力。但是，如果没有引导好，这种意识就可能转化为阻碍发展的行为。这里，很容易让人想起一个经典的童话故事——《白雪公主》。故事中的王后是一个典型的好胜心强之人，她竞争意识可谓非常强烈。

在现代社会，我们也会鼓励这种勇于追求完美和努力做第一的心态。然而，为什么努力争做第一的人最后变成了人人痛恨的王后呢？最主要的是，她没有把这种"竞争"意识转化为对自我的要求和发展的动力，形成了典型的"攻击型"人格。她以为，只要破坏了外界条件，自己就成了那个优秀的人。而这就是很多小孩都会表现出来的一种"嫉妒"心理。一旦"竞争"意识转化为"嫉妒"心理，就属于一种消极的心理，就容易滋生攻击、破坏等行为。

我们常常会发现，有些小孩如果得不到自己想要的那个东西，就会想办法破坏它。这也是一种典型的嫉妒心理行为表征，其深层的心理机制是孩子的"自我同一性"诉求。

小孩的"竞争"心态的确是会随着年龄增长而发展的，因此我们的家长在这个过程中需稍加留意，适当引导孩子将"竞争"意识和自我同一性导向"自我的发展动力"上。

二、"我赢了"与"争第一"

假期，回到家乡，孩子与哥哥重逢，格外兴奋。两个孩子很快就玩到一块儿了，哥哥也是很有创意的，能带着弟弟玩各种游戏。到了哥哥学习的时间了，弟弟也参与进来了。

在这个学习的过程中，我发现弟弟有种意识，每次互动结束后，他总会不自觉地说一句："我赢了吧？"看来这个小孩已经有了"竞争意识"。

回忆一下发现，孩子在最近的活动中，都开始喜欢上比赛了，比方说，与表姐比赛吃饭，与同学比赛跑步，与哥哥比赛说英语，与爷爷比赛剪刀石头布……每次自己赢了的时候，会很开心。

博士后妈妈有话说：

　　我关注到孩子这种朦胧"竞争"意识的出现后，也开始思考一个问题：对孩子喜欢"我赢了"与现在家长们讨论的"争第一"之间有什么关系？它们是一回事吗？

　　首先，小孩喜欢"我赢了"。这种心态应该在4—6岁的孩子中间是比较常见的，很多父母可能都会和我一样在思考，这样的心态似乎不太正常。因为毕竟在人的成长过程中，失败乃常事，孩子也要学会接受失败！我估计大部分家长都会和我一样紧张：如果孩子太爱赢了，输不起，怎么办？我们读过一本绘本，叫作《我赢了，不，我赢了，不，我赢了》。故事中的小主角劳拉就像我们的孩子一样，喜欢赢，事事都要赢，但在与哥哥的互动交往中，她也发现，其实输了也能接受。

　　仔细分析，小孩这种"我赢了"的心态与长大后"争第一"的心态是不同的。前者更多的是孩子"自我意识和价值"发展的启蒙，是一种本能，未必有道德层面的意义。长大后"争第一"是好胜心，是价值观的发展，这是需要家长正确引导的。

　　当前我们处在一个竞争意识激烈的时代，作为家长，需要很好地重视并引导孩子良好竞争意识的发展，把握好以下几个原则：

　　1.学会理解和接受孩子的"竞争意识"发展阶段和不同表

现,不去恶意中伤孩子和压制孩子。

2.与孩子互动时,不要过分强调"输赢"的结果,重点鼓励孩子关注"过程",体验"过程"。

3.如果孩子已经有较强的好胜心,就适当引导其正确价值观的发展,孩子输了时,也给予孩子肯定和表扬;如反转角色来进行体验;又如反馈给孩子他这方面输了还有另外方面强,让其认识到每个人都有自己的强项和弱项,要学会取长补短。

事实上,不管是"我赢了"还是"争第一",都要有正确价值观的引导,让他知道:输赢不重要,过程更重要,努力本身是最美的;适当竞争是有益的,恶意竞争绝对不允许有。

三、引导幼儿"竞争"心理健康的发展

今天孩子在家拼了积木飞机,大姨也拼了飞机。等我回家时,他就来跟我说:"妈咪,你看我拼的飞机漂不漂亮?大姨的飞机一点儿也不像飞机,对不?"很明显,孩子在比较,而且表现出了要贬低他人作品达到抬高自己的目的。于是,我很认真地来对待这件事情,并给予及时的反馈。

我来到两架飞机面前,煞有介事地认真观察,然后跟孩子说:"我觉得你们两个的飞机各有特色。你看,你的飞机拼的线条很直,简洁大方,最接近真实的飞机;然而,大姨的飞机也有特

点,她的飞机结构复杂,有多种颜色,而且还有弯曲度,上面有开飞机的鸭子机长。很有创意!你觉得呢?"孩子听了,也十分同意。

于是,我先让他给大姨送上大拇指,表示欣赏他人。然后我再拥抱他,悄悄地告诉他:"每个人都有自己的特点,每个人的作品也都有自己的特色,你很棒,但别人也一样很棒。学会欣赏别人作品的人才是最棒的。"

博士后妈妈有话说:

孩子长大后,慢慢地拥有了竞争意识,总是喜欢跟别人比。似乎只有把别人比下去,才能凸显自己的优秀,这或许是当前很多国人潜在的意识。我发现,我们周围的人都喜欢对比、都喜欢竞争,有些人甚至不能看见别人比自己好,否则就会心生嫉妒,以诋毁他人来抬高自己,获得存在感。这种喜欢竞争的心理状态会产生两种心理:

第一,就是不伤害他人利益的情况下保护自己的心理。相信大家都听过"吃不到葡萄就说葡萄酸"的寓言故事,我们把它称为"酸葡萄心理"。诸如此类的,还有"鄙视链心理",通过鄙视他人,来获得自我优越感和自我价值感。其实,从心理学的角度来看,这些心理机制都是人类自我保护的一种本能,我们姑且可以把它叫作"心理卫士"。因此,我们也不必去回避它。

第二，就是触及他人利益，甚至伤害他人利益，达至自我满足的心理。这种心理状态我们显然要努力去克制。因为竞争的本能意识过度发展后，就会出现这种状况。

因此，在孩子还小的时候，我们需要对孩子进行很好的引导。

第十二章　有效引导孩子学会沟通与表达

一、教给孩子"拒绝的艺术"

今晚,我出差回到家,见到的两个情景让我感到很欣慰:其一,大姨给孩子喂饭,颉米礼貌地拒绝:"大姨,我吃饱了,谢谢大姨。"大姨再次尝试,颉米依然是礼貌地回绝;大姨第三次尝试,颉米还是礼貌地说:"谢谢大姨,我吃饱了。"

其二,颉米想看电视《巴塔木》,可是电视机前已经有爷爷奶奶们在看了。于是,颉米逐个地跟爷爷、舅爷爷礼貌地请求:"我想看电视,我换个电视节目,可以吗?"他没有哭闹,而是礼貌地申请,甚至于最后没有获得同意,他也就放弃了,一个人回到房间。

这两个情景让我切实感受到:从小我就注意引导孩子用"语言"来进行沟通与交流,目前来看,已经卓有成效。

博士后妈妈有话说：

　　我们许多孩子动不动就哭、喊、闹，可能很多时候是因为他们还不会用言语来表达自己内心真实的想法，所以从颉米能说话起，我就十分注重引导他用"言语"来表达、沟通与交流。

　　我教给孩子用各种词语来表达自己的情感：

　　高兴了说"耶（Yeah）！"

　　意外了说"啊哧（Ouch）！"

　　伤心难过了说"我要抱抱！"

　　不想要就学会礼貌地拒绝，说"谢谢，我不需要！"

　　想要就礼貌地提出申请，和别人交往过程中必须要提出请求，"我可以玩一会儿吗？""可以分享吗？""我们一起合作吧？"……

　　我想，只要正确引导，孩子肯定能学会更好的表达、沟通与交流方式，从而让社会交往更加顺畅，为孩子的健康成长打下坚实的基础。

二、孩子发怒吼叫该怎么办

　　晚上，我正在做事，忽然听到孩子在大声吼叫。原来是因为大姨制止了孩子的某行为,让孩子生气了,他就开始吼叫。

我听到,立刻停下手中的事情,对他展开教育。

首先,我很认真地跟他谈话,让他进行反思,意识到自己这样是不妥的。他一开始以为没什么事,不过等到发现我严肃起来后,就慢慢地开始反思了。

接着,转换了一个视角,跟孩子玩游戏,在玩游戏中让他进行体验与练习。我夹住他(当然很注意力度),他拼命挣扎并吼叫,但是无果,我根本没有放弃。接着,我引导他:请你用合适的方式来表达你的诉求和不满。于是,孩子开始放弃了挣扎,而是改成用语言向我表达诉求,听到他的诉求后我才放开;到入睡前,他有些不想去刷牙,又开始吼叫,我再次强化他的意识:请用合适的语调和方式来表达。

经过几次的练习,他就明白了,愤怒是可以用很多更加文明的方式来发泄的。

我们常常说,大人不能对孩子吼叫,因为吼叫的教育效果确实不好。然而,若孩子自己生气、发怒并吼叫时,我们大人到底应该怎么面对呢?

 博士后妈妈有话说:

我一直都十分注意培养孩子通过“语言交流”来宣

88

泄情绪和进行沟通。例如,当我们坐在车上,奶奶正在对我说话,而他也很想和我交流时,就会吼叫,于是我教他,请用正常的方式请求奶奶。后来他就知道并做到了,每次遇到这种情况,他会说:"奶奶,您能停一下吗?我想和妈妈说话!"

在日常的生活中,常常会发生各种各样惹人生气的情形,无论是大人还是孩子,我们都需要学习和养成合理表达愤怒的方式,尤其需要教给孩子合理表达愤怒的方式,更要教给他妥善解决问题的方法。只有方式对了,才能避免伤害人,避免更多矛盾的产生。

三、培养孩子的"共情力"

晚上,洗澡时,颉米不小心用水枪喷到了我的眼睛,而我立刻假装哭出声音来,没想到颉米马上放下水枪,热泪盈眶地喊:"妈咪,抱一抱。妈咪,我抱一抱你。"可见,孩子表现出了很强的共情力。

博士后妈妈有话说:

如果说一个人的情商很重要的话,那么情商中最重要的心理机制就是"共情力"。共情力强的孩子更懂得关心人、尊重人。尽管这是一种人类与生俱来的能力，它通过镜像神经元来传递与实现，但我们发现，有些孩子的共情能力却不断退化，尤其是自闭症儿童。

虽然大家对于共情力的发展基础是先天还是后天，目前还存在争论，但我以为，在幼儿早期，作为父母的我们还是应该，也是可以来更好地培养孩子的共情力的。因为"共情力"的发展其主要刺激物来自生活，最重要的就是"表情"。

因此，我建议：

第一，在婴幼儿时期，尽量让孩子们熟识各种表情，我们的家长可以用夸张的表情来与孩子们交流；

第二，在婴幼儿时期，家长们不要掩藏自己的情绪，完全可以在孩子面前展露真实的情绪与情感；

第三，家长应该努力做榜样示范，在生活中时时刻刻注意表达自我的"共情"，尤其是对孩子，学会设身处地、换位思考；

第四，鼓励与强化，看到孩子有好的共情行为，我们及时表扬与鼓励。

第十三章　给孩子的"自由"一定要有限

一、没有规矩，不成方圆

自从孩子上学后，家里人就更爱他了，最主要的表现就是担心孩子会饿着。于是，吃的花样更多了，零食也更多了，导致吃饭习惯也乱了。明明能好好吃的，如今却变得比较随意，吃饭没规律。

于是，这个周末，我在家做的一件事，就是规整孩子吃饭的习惯。我要求孩子每餐和大人一样，上桌吃饭，自己完成。并在家训中加入了一条——"没有规矩，不成方圆"。

其实，关于孩子能否好好吃饭的问题，是很多家长都比较头疼的问题，究竟要如何处理才会更有效呢？

 **博士后妈妈有话说：**

吃饭是中国传统文化中的重要组成部分，也是家

91

庭文化建设中的核心部分。因此，我建议我们要给孩子吃饭立下规矩。当然，给孩子立规矩有几点要注意：

1.要求孩子做到的，家长首先要做到。本来立了吃饭的规矩，但我们却忍不住先破坏规矩，孩子怎会遵守？

2.要让孩子明白确立的规矩与自身成长的关系。我一直鼓励孩子管理好自己，所以每样规矩，包括玩电子产品的时间，都让孩子弄明白与自己的关系。

3.规矩的内容，包括规则与礼法。前者需要与自家情况结合来制订，后者则更多关注的是社会道德层面，注意教孩子待人接物。

4.奖惩机制要用好。规矩得以执行与坚持，要奖励；没有被坚持，则要惩罚。

二、"约定"的神奇力量

今天我很开心，因为每位老师都向我表扬颉米，说他满3岁后进步很大！尤其是在幼儿园吃饭方面，连续一周都表现非常棒！这让我想起了我与孩子在3周岁生日那天的3个约定：第一，每天要吃好饭；第二，每天要锻炼好身体，注意安全，危险的动作不能做；第三，要学好本领。孩子当时还与我拉钩了。

跟老师一汇报,老师立刻回复:"哇,这三件事颉米都做得很棒!看来,您与他的约定正在生效。"

为什么这么小的孩子,约定之后也能努力做到呢?"约定"对于孩子的成长究竟有什么帮助呢?

博士后妈妈有话说:

学会与孩子做约定,是帮助孩子养成守规矩好习惯的有效方法。但是,与孩子做约定,还是要讲究些策略的。

第一,理解"约定"的意义。约定的实质是商讨,这体现的是一份尊重。和孩子提前约定,不是对孩子的"命令",而是和孩子之间的商讨,体现了我们对孩子的尊重。约定其实还是一种"承诺",能培养孩子自我诚信的意识和品质;"约定"还是一种规则,体现的是"责任"。由此看来,亲子沟通也好、学校教育也罢,我们需要多一些"约定"。

第二,找到约定的有效策略。对于孩子,约定的内容不能多,越简洁明了越好。至少你和孩子都能记得住。同时,告知孩子为什么要做这个约定,即让孩子明白约定的价值和意义;接着,一定要帮助孩子遵守约定。孩子的自律力还在发展中,所以我们成人就有必要帮助他们。例如,前天颉米买了一个冰激凌,因为冰激凌比较大,我们就约定每天吃一点儿。于是,孩子吃了一点儿就放到冰箱里,第二天自己想起来的时候又去取来吃。这天他又没有吃完,再留下来放进冰箱,直到今晚才吃完一个冰激凌。这是孩子第一次自我管理吃冰激凌,管理得非常棒!也遵守了与我的约定。我立刻大力表扬了他。

第三,必须强调的是,我们与孩子做的约定,我们自己一定要记得,一定要执行!这是很重要的一点。晚上,孩子冲完凉出来,跟大姨说要荡秋千,大姨说好。过一会儿大姨忙其他事就忘了这个事情。孩子提醒大姨:"您不是答应我要荡秋千吗?"大姨立刻就兑现了承诺。孩子也很懂事,只玩了2分钟就睡觉了。

切记,与孩子做约定,先从检查自己开始。

三、给个信号让孩子知道你的限度

孩子没有时间概念、规则意识和边界意识,有可能会出现家长屡说无效、屡教不改的现象,从而导致家长情绪爆发。

比如,晚上到了要洗澡的时候,无论你怎么喊宝贝,他都无动于衷;要睡觉了,他还依然很兴奋;早上,明明上学要迟到了,家长急得像热锅上的蚂蚁,他可能还沉浸在自己的游戏世界里;外出做客,明明已经告诉孩子要注意礼节,不能大声喊叫和奔跑,结果兴奋的他却肆无忌惮地发出声音,跟大人完全不在一个频道上……这样的例子举不胜举,简言之,就是孩子有时候会失控,家长束手无策,如何是好呢?

博士后妈妈有话说:

　　不管怎样,面对失控的孩子,我们还是要有个最低限度的要求的,家长们也一定要把握好这个度。接下来,家长就是要注意与孩子表达这个度的问题了。

　　千万不要一开始就各种软磨,让孩子丝毫没有压力,继续沉浸在自己的思维世界里,然后家长耐力用尽,猛地爆发情绪,高管控的措施立刻上来:大声呵斥、强行制止、再来就是武力或暴力。其实,这样的时候,只会显示出我们家长与孩子沟通方法的缺失。

　　最理想的方式是,建立起一个信号系统,向孩子表明那是你的最低限度,给孩子提个醒,这样的话,孩子和家长都会有情绪缓冲期,会避免很多亲子冲突和不必要的矛盾产生。

　　举个例子:有很多家长喜欢用"1、2、3"计时的方法,我也一样在用,但是要想建立好这个信号系统,就是最开始使用时,必须要有坚决的执行力。孩子始终在玩耍,但是我们希望他脱衣服准备睡觉了,"自己脱衣服,1、2、3",要求孩子动作迅速。如果做到了,赶紧表扬,没有做到,必须执行惩罚措施。如此一来,信号系统就建立好了。

下次，只要孩子达到你的限度，就可以使用这个信号系统。现在，无论什么时候，只要我说"1"，小颉米就立刻行动起来，而后还要说："你看，你都没有数到2，我就已经做好了。"遇到这种情况，立刻表扬和鼓励。信号系统是需要不断强化和巩固的。

四、"规则"与"权威"的差异

近段时间，我有幸带团参观芬兰的一些小学、初中和高中，感受颇深。当我们走入孩子们学习的教室时，母语课上的孩子们坐姿五花八门，有的孩子居然盖着被子斜躺着上课，但这并不妨碍孩子在积极地听课和回答老师的提问；另一个课堂的孩子听着听着课，就走出教室来取自己的课本……一切都显得那么随意、自然。

我很惊讶，这样的课堂教学，也能培养出学业成就在世界上处于领先水平的学生来。在西方人眼里，到底什么是"规则"，什么才是"权威"呢？这样的标准，在我们国家是否行得通呢？我们的家长又能从中学到什么呢？

 **博士后妈妈有话说：**

置身其中，换位思考后发现。作为一名中国老师，

在我的课堂里，我是无法容忍这种行为出现的。这让我陷入了深深的沉思中，我们究竟需要怎样的课堂行为文化？

这又回到了我们常常讨论的问题上，"规则"意识与行为的培养是否有必要呢？毫无疑问，是有必要的。其实，我看得出，这些坐姿随意的孩子们，都意识到了自己是在上课，认真地聆听老师的问题并作出自己的思考和回应。那么，究竟差异存在何处？这种差异是怎样产生的呢？

回到根本的问题上，我们需要讨论的就是，"规则"与"权威"的根本差异问题——在我们的意识深处，是否真正尊重了孩子？

我以为，每个人的一生只做一件事，就是成为"自己"。于是，我们需要反思，我们是否给了孩子成为"自己"的自由、时间和空间？我们需要意识到，我们的孩子未来能够成为什么样的人，并不取决于我们大脑中的某一个愿望，而取决于他在探索自我生命中积累的点点滴滴。我们更需要知道，孩子都拥有选择的自由。在这个世界上，孩子有选择他感兴趣的自由；他拥有独处的自由；他也拥有分享自我的权利和自由……

深深推究后，我发现，本质的问题就是"教育应该是引导孩子发现和挖掘自我、挑战自我、继而成就自我的过程"，而不是"压制、给予、灌输，按照成人的设计来规约孩子，最后让他们完全成为我们设想的那个样子"。如此一来，我们就明白了，产生课堂行为文化差异的本质原因在于：我们究竟如何对待"规则"？一不小心就会滑向"权威"，所以一定要小心谨慎。

记得有人说过："如果你从来不压制孩子的自发性行为，相信你给他的就是规则而不是权威。"真心希望所有家长，能够在陪伴孩子成长的过程中，更深入、更准确地去把握"规则"的本质，逐渐弱化自己的"权威"意识。

第十四章　家长发脾气,有讲究

一、孩子犯错误,该不该惩罚

不知怎么回事,就这两天,出现了一个新情况,孩子们居然一个劲地讲"pi",而且还说上瘾了。本来颉米一直都是很讲文明的孩子,听到别人说不文明的话语,也会直接指出来的。所以我先和孩子沟通,然而经过几次的沟通,没有效果。

今晚,让我抓住一次机会,终于发了一次"火",小颉米也因此第一次被我惩罚了。当俩孩子在画室里画画,又传来"pipi"的说笑声时,我立刻敲门而入,二话没说,把小颉米请出画室,然后让他站在外面反思。他终于意识到问题的严重性了,开始边哭边往我怀里蹭,我拒绝了。冷静地望着他,同时跟他说,"你知道为什么我会生气吗?"这时,来了个老师劝孩子,我依然很冷静地拒绝他的"求抱"。3分钟后,奶奶介入,拥抱了孩子。看着孩子已经有情绪记忆了,我又延迟了1分钟,才把孩子从奶奶手上接过来,拥抱之后马上转换语气,温和地与孩子进行沟通。问他如何看待这件事情,他的眼泪也立刻收起来了,情绪迅速控制好就进教室了。

回家路上,颉米跟表姐说:"你再说'pi'我就要批评你了,这是不文明的行为。"

当孩子出现犯错误且屡教不改时,究竟用什么方法最好呢?

博士后妈妈有话说:

孩子在有伴的情况下,确实出现了很多新的问题,一开始只是简单的模仿,慢慢地,孩子们之间就开始有些肆无忌惮了。两个人产生了"放大效应",一个人做什么,另一个人就要马上跟着做什么;一个人说什么,另一个人就要跟着说什么。

反思下自己发火的过程,单独来看,着实是比较严厉的,毕竟孩子小,是为了"好玩"而出现的行为,似乎也没有到这么严重的地步;但是长远来看,这又是必要的。

我一直都认为,对于孩子,凡是原则性的东西,例如家中所规定的基本价值标准,如果孩子违反了,在沟通教育后没有成效的情况下,"惩戒"也是一种教育方式。

而且,进行惩戒的时候,必须要严格执行,不能一会儿这样一会儿那样,这样容易让孩子混淆。

二、孩子受罚了，怎么办

下班一回到家，本应兴高采烈跑过来拥抱我的颉米，今日却远远地望着我。过了一会儿才眼泪汪汪地跑到我身边，哭着说："奶奶打了我的手。"一副可怜兮兮的样子，让人不得不怜爱。我放下包，立刻拥抱了他。

我首先轻轻地拍着他的背，安抚他的情绪，而后问他："为什么会被奶奶打呢？"大姨在旁边解释，因为他不吃饭且把饭碗打翻了，饭撒了一地。所以奶奶生气地打了他的手，他就哭了。

当孩子受罚的时候，作为不是施罚者的家长，我该怎么做才是最好的呢？

严格来说，这还真的是孩子第一次比较正式的受罚。所以我也觉得应该很认真地对待和处理。

听完大姨的解释，我就开始问颉米，"你觉得把碗打翻是对的吗？"孩子不吱声，但我相信他已经知道自己错了。于是，我接着说，"你做错了，奶奶罚你，是正确的。如果换成是我，我会惩罚得比奶奶更厉害。"保持和家人一样的教育态度，不让孩子混淆价值观，这一点非常重要。

最后，我跟他说，"你去跟奶奶道歉。奶奶因为你生气了，难过了。所以你要去道歉。"这是给孩子一个台阶，也给彼此一个机会缓和关系。孩子自己走过去跟奶奶哭着说："对不起，奶奶！"接着，孩子就和我一起吃晚饭了。

晚饭后，我们还专门找了《汤姆受罚了》的书来读，进一步解释和说明孩子为什么会受罚的问题。

博士后妈妈有话说：

说起惩罚，在我们的教育中，我一直都认为这是一个必要的环节。但是，为什么而惩罚？什么时候惩罚？用什么方式惩罚？这可能就需要动动心思，毕竟这是教育。

"罚"要立足于孩子的身心健康发展，以"爱"为中心。简单说，"罚"是为了以后"不罚"，因此我们需要在"惩罚"时明确自己罚的目的。

什么时候罚呢？当然是孩子违反了事先已被告知的一些规则，尤其是孩子明明知道这个规则，却要去触碰它。这种原则性的问题，是需要惩罚的。比方说，孩子明明知道不能打人，但他却在活动中故意去推人、打人，甚至给他人造成了伤害，出现这种情况时，我以为是需要惩罚的。

用什么方式呢？这可能真的是门艺术。孩子打人，你就用"打人"的方式惩罚孩子，这种惩罚方式对一些孩子有效，对另一些孩子却不一定管用。所以，在惩罚的过程中，选择或创造有效的方式,是需要我们家长用心的。

三、留意孩子不良的习惯性行为

今日接到一位家长咨询，他家宝宝从 4 岁开始喜欢咬嘴唇,到现在 10 岁了,依然如此,已经造成了对外观、牙齿的影响。事实上,有很多孩子都会出现这样或那样的习惯性行为,例如吸手指,咬手指甲,等等。种种不良行为的出现,是有多种原因的。有的是因为婴幼儿时期没有满足吮吸的需要,有的是因为焦虑而产生的。一旦行为出现后没有及时阻止,就会慢慢变成习惯性行为。

那么,针对孩子这种习惯性行为,家长应该怎么办呢?

博士后妈妈有话说:

在早期阶段,阻止不应该仅仅是说,因为家长说的话,有可能会强化行为。建议有具体的策略来帮助孩子改变这种行为,不至于形成习惯。一旦习惯化后,这种行为就变成了无意识的,更难戒除。可以使用习惯对抗法试试,下面以爱咬手指头为例:

1.分辨。教给孩子分辨习惯性行为出现的情况,想办法和孩子一起发现自己什么时候爱咬手指头。

2.对抗。教给孩子掌握在习惯性行为出现时运用的对抗反应,例如对自己说:"妈妈说了,咬手指头容易生蛔虫。我不要长虫子。"或者一旦察觉到这种行为(例如,当手正向嘴边移动时),就应立即中止行为并握紧铅笔。如果孩子当时没有笔可握,对咬手指头的对抗反应就应该是用另一只手握住这只手1~3分钟或把手放到口袋里1~3分钟。指导一定要很具体。

3.想象。让孩子想象用对抗反应控制习惯性行为时的情景,如想象肚子里不再有蛔虫,不再闹肚子疼了。

4.及时表扬。父母要给予必要的督促,当孩子成功地使用对抗反应不再出现习惯性行为时,一定要及时给予表扬。

四、教育孩子过程中,你打过孩子吗

一篇名为"孩子8天偷偷花掉7000块,父亲暴打,母亲拍视频放到网上。这样做对吗?"的文章在微信朋友圈里疯传,短短一个小时的时间里,阅读量就已经破万,在市民中引发热议。

因为这则新闻有些特殊,这里面被大家讨论的问题主要有两个:第一,父亲是否应该打孩子?第二,母亲是否应该拍视频并传网上? 后者,由于母亲是想给其他花她孩子钱的小孩看的,所以在此不做讨论。

关于这个父亲是否应该打孩子,民众的观点大致是两种:第一种,不该打,认为这是家庭暴力,应该好好教育;第二种,认为就该好好打一顿,不然以后孩子长大了还可能会犯更大的错误。

那么在教育孩子的过程中,是否应该打孩子呢?

博士后妈妈有话说:

对于上述这个故事,我想,不能简单粗暴地理解与对待。

首先,得问问孩子,为什么会偷钱?偷钱是个行为,行为背后必有动机。要知道,没有犯罪动机,连法律上都很难断罪的。而我们在评论他人行为时,我以为,还是得先问问动机才好。假如真的有孩子是为了帮助他人,行善施乐呢?所以,不建议任何家长不分青红皂白就打孩子。

其次,得问问父母,你的孩子为什么会偷钱?如果说是年龄很小的孩子,还分不清谁是物主的时候,拿错东西是情有可原的,所以就不应打。然而这是初中生了,他应该懂得"偷"是犯法的行为啊!所以我们再来问问父母:孩子出现这种现象是第几次呢?他们是否曾经尝试过用其他的教育方法来引导孩子呢?如果是多次尝试、各种尝试都失败了,最后选择这种"教育方式",这是被逼无奈的话,那么我以为,我们也不应简单地指责这对父母的行为,更应该大家集思广益,给出家长更好的教育建议。

因此,当孩子出现问题时,教育真的不是那么简单的事情,它真的需要我们拥有智慧和勇气。当然,我更希望的是,教育应该多一些提前预防,而不是等到出了问题才来弥补。

第十五章　如何有效地帮助孩子度过叛逆期

一、理解孩子也有被尊重的需要

平时,我们和孩子在一起的时候,如果大人之间有重要的事情要聊,常常会不管孩子说什么,都强行打断孩子的发言。

今日,我们散步时,孩子正在和我讲他自己编的故事,讲得非常带劲,这时奶奶就来和我讲更加重要的事情了,孩子一开始有点儿意见,就跟奶奶说:"我还没有讲完呢!"

奶奶意识到了,就停了一会儿,但马上又继续和我讲。

这时孩子有些受不了了,直接跟奶奶说:"您可以尊重我一下吗?"

刹那间,在我内心里产生了这样一种意识:原来孩子也是特别需要被尊重的。

对于年龄小的孩子,我们应该如何去尊重他?

博士后妈妈有话说：

　　站在成人的视角，我们发现，他讲的内容都是虚幻的，都是编纂的，而且平时经常讲，所以我们觉得并不重要，可以忽略；但站在孩子的角度来看，他觉得他讲的是很重要的，而且他还没有讲完就被打断，觉得没有被尊重。

　　可能平时很多孩子内心也是有这种需求的，只是不知道用语言来表达，所以有些时候会用发脾气或其他的方式表达出来。

　　我让孩子学会用语言来表达自己的想法，尽量不乱发脾气，所以他今天说出来了，也就提醒了我们做家长的。

　　请记住，任何年龄的孩子都希望受到尊重，可能越小的孩子，越有被大人尊重的需要。

二、尊重孩子的秩序敏感期

　　今日回家，孩子正独自玩过桥游戏，他把几条凳子排在一起，在上面跳来跳去，我一看旁边是一张桌子，桌子边是尖尖的角。我担心他不小心会磕到角，所以把他的椅子挪动了一下。这一下不得了了，很少哭的孩子忽然大哭起来，而且执拗地要求把椅子放回去。尽管后来经过我的安抚，他的情绪稳定了。但我在寻找和思考原因。包括后来他的球被动了地方，他也表示不高兴。原来孩子的这种表现也有个名字，叫作"秩序敏感期"。

进入秩序敏感期的孩子，家长应该如何对待呢？

 博士后妈妈有话说：

在秩序敏感期的孩子，一旦他所认定的秩序被打破，就会大哭大闹。许多家长为此还发了不少脾气。

其实，在这个阶段的孩子，外在事物的秩序与他内在心灵的秩序是相通的，一旦我们打破了秩序，他们心中的安全感就失去了，于是就开始大闹。在成年人看来，这就是执拗，性格倔强，不讲道理。其实未必！

记住，如果我们用权威刻意去打破孩子心中自我建构的秩序，让孩子过度痛苦的话，可能会影响孩子智能的发展。

三、尊重孩子的选择

走进孩子们正在上课的芬兰课堂，在十分强调合作与共享的芬兰课堂上，一个独自坐在一边的孩子引起了大家的注意。于是，我们好奇地问翻译，"为什么这个孩子不参与小组合作和课堂学习呢？"孩子的回答是："我今天心情不好，不想参加这些活动。"听到孩子的回答,我们的观念又一次被冲击了。

对于孩子这样的选择,教师选择的是"尊重",而不是去说大道理,用尽各种方法来让孩子参与学习。通过这一细小的环节,折射出一种理念:尊重孩子的选择。孩子都是有着喜怒哀乐的人,有着独立思想的人。于是,教师给予孩子一定的时间和空间,让他去释放情绪,进而形成更加健康而独立的人格。

无独有偶,今天我也听到颉米的老师给我发来的小故事。

孩子在幼儿园,把一些做手工的材料卷成一堆,拿到老师面前说:"老师,送给你,这是我做的蛋卷。"老师当时第一反应就是告诉孩子:"你这样做,浪费了材料,拿这么多,别的小朋友就没有做手工的材料了。"孩子当时似乎听明白了,再也没有拿那么多材料,但是依然坚持做了蛋卷,只是用了更少的材料来做。老师见到后,开始了自我反思。她在给我发来的信息中表达:很庆幸孩子能够继续坚持自己的选择,这也让老师开始反思自己一开始的表达。

说实话,听到老师这么跟我交流的时候,我真正被感动了。我觉得孩子很幸运,能遇到这么好的老师,能够主动反思和批判自我,并努力尊重孩子的选择。

我相信,在这样的老师陪伴与指导下,孩子一定会更加懂得关爱和尊重他人。

博士后妈妈有话说：

　　事实上，孩子本身就应该是独立的个体，儿童的一言一行都有自己独特的思维方式，这种思维方式与成人的并不完全相同，甚至截然相反。他们会对自己的饮食、穿衣、包括学习有自己的想法，也会有自己的选择。

　　所以，尊重孩子自己的选择并且让孩子经历这个选择所带来的后果，这样的实践经验要远远好过父母的言语告诫。

　　尊重孩子的选择，不意味着放任自流。而是我们需要认真地倾听和仔细地观察，在此基础上再来协商和沟通，最终让孩子在有规则的范围内进行选择。

四、尊重孩子的独立人格和自我意识

　　今日乘坐飞机，看到了这样一幕。一位母亲带着一个两三岁的小男孩登机，小男孩坐在中间，母亲坐在过道上。刚入座，就来了一个高个子的男人，他的座位是靠窗的，所以母子两人赶紧站起来让位。等那个男人入座后，母亲让小孩回到中间位置上时，孩子怎么也不愿意。母亲开始用哄骗的方式，说小朋友不坐中间会被服务员批评！最后小孩还是选择坐在过道位置上，然后母亲用挤座的方式慢慢把他成功挤到了邻座。这一幕给我留下了深刻印象，别看孩子小，其实已经有了自我意识和独立人格。他也会害怕、也会恐惧，也会有厌恶喜好，也在开始选择。

这让我想起了自己家的颉米，现在早上起床后，开始不让我们帮他穿衣服了，自己学穿衣、穿裤和穿袜子。我看到他穿不好的时候，总会忍不住想要去帮他，但他会说："不要你帮忙，我自己会穿的。"所以我就赶紧离开现场，等他处理得差不多了，我再出现，给他点赞和拥抱。

有一次，我出差前就跟他说："你明天下午来机场接我哈！"没想到，听奶奶说，他到了今天下午，午觉自然醒，醒来就自己要求来机场。本来奶奶还不想带他来的，可是看到他这么坚持，就带他来了机场。

随着孩子自我意识和独立人格的发展，家长应该如何面对呢？

博士后妈妈有话说：

上述故事中，我们都能看到，随着孩子年龄的增长，他们的自我意识逐渐发展，独立人格正在形成。

作为父母，应该努力对孩子表示信任，以实际行动支持孩子；也要学会给孩子支配时间的自主权；要学会尊重孩子的选择;要懂得与孩子沟通和交流。如讲故事,如果孩子不愿意,应该问问他的真实想法,适当的时候大人也是可以让步的。

特别提醒,我们在培养孩子独立人格的过程中,要防止走极端。例如,早早地把孩子送到别的地方去学习,早早地与孩子分房睡,以为这样就能培养孩子的独立人格,其实这只能是培养孩子一种"独立生活"的人格假象,孩子内心可能会对爱绝望的。希望我们能够记住:人的人格独立与他得到爱的多少是有着密切关系的。简单说,越安全越独立。

第十六章　如何养育出
"宽容大度"的孩子

一、重视孩子的"执拗敏感期"

最近这两日，我发现颉米总是会坚持一些自己认为对的事情，总坚持说自己在河里看到了海鳐鱼，跟他解释是没有作用的。他认为是对的，就一定要坚持，还会说我们大人错了。

这让我想起了之前有位家长也咨询过我，说孩子很执拗，明明跟他讲这块毛巾不需要洗，因为刚洗过，但他却仍然坚持说要洗。

于是，我又开始翻阅起相关的书籍来寻找答案。

如果有人把这个阶段称为两岁宝宝的叛逆期的话，我宁愿将其称为"敏感期"，是"执拗敏感期"。

如何更好地陪伴孩子度过这样一段时期？

博士后妈妈有话说：

针对孩子的执拗敏感，我有以下几点建议：

第一，家长要知道孩子"执拗"是他生命中不可逾越的发展阶段，我们首先要学会理解孩子，他们所坚持的观点是帮助他们更好地建构自我意识和形成自尊、发展自信的基础，这样一想，就会减少家长动不动就打、动不动就发火的事情发生。

第二，面对孩子的"执拗"，我们要特殊情况特殊分析。如果孩子的坚持不违反原则的话，比方说不破坏环境或人际关系，等等，我们就不必一定要纠正孩子的"错误"。

第三，学会从孩子的角度来看世界。前两天在旅游时，孩子看到一条长凳，居然说是"乒乓球桌"，这让我明白了小孩的世界真的跟我们大人的世界是有差异的。所以我努力去读懂孩子，做他更好的同伴。

二、孩子真的会故意给家长找碴儿吗

早上送孩子去学习英文，一到门口，就见到一位家长正在十分严厉地呵斥颉米班上的同学，而孩子就在一个劲地哭泣。

仔细一了解,大致是:孩子不愿意背书包进去,而家长一定要让孩子背着书包进去(可能平时也是孩子背了书包的,但唯独今天就围绕着书包开始闹情绪)。孩子表现出明显的执拗,说什么也不肯背书包进去,而母亲也表现得很执拗,说什么都要让孩子背书包进去。妈妈说:"你不背进去,那我就把书包扔掉。"说着还真拿着书包准备扔,而孩子肯定不允许,拽着书包哭泣。

看到孩子实在挺可怜,我插了一句:"不背书包有什么影响吗?"妈妈说:"你别理他,他就是在找事儿,拿着书包找事儿。"这时候,妈妈一推孩子,扭头就走。结果孩子又追上去,抱着妈妈的腿,死都不肯放。直到老师出来,老师拿着书包进去,事情才算结束了。当然,后面上课的时候,孩子一切都正常了。

然而,静下心来,我们分析这个事情发生的经过。作为很了解孩子的母亲呢,把孩子对书包的执拗看成是"孩子在找事儿",请问为什么呢?因为这个事情与平时不太一样了。

然而,站在孩子的角度上,他为什么偏偏不愿意带书包呢?而且是一根筋的,什么道理都听不进去的执拗呢?

事实上,这种案例我们见过很多,之前我也曾经写过一篇关于孩子"执拗敏感期"的日记。"执拗"这件事,经常会在孩子身上发生。作为家长的我们,到底对孩子了解多少呢?

博士后妈妈有话说：

这里应该分两种情况：第一种，孩子一段时间内都表现出对某样东西的执拗，这说明孩子进入了"执拗敏感期"，例如有家长说，我家孩子每次都喜欢要"大"的东西，什么道理都听不进去。孩子进入敏感期，我们应该顺其自然，把握好度，帮助孩子顺利度过敏感期。第二种，孩子忽然出现这种家长眼中所谓的"找事儿"的情况，肯定是他有某种需求没有得到满足，或者是因为没有睡醒、没有吃饱等生理需求没有得到满足，或者是因为他想要得到关爱和尊重这种需求没有得到满足，等等。所以，当这种情形出现时，我更主张家长用抱一抱、哄一哄的方式，或者努力去找到孩子的需求以满足他，从而帮他化解这种执拗。

我始终相信，只要是正常的孩子，都不会故意给自己的母亲找碴。所以，我们要想办法去理解孩子，从而帮助他顺利度过"叛逆期"，这样才能培养孩子"大度"的格局。

三、教孩子做"大度"的人

这次发生的小故事是这样的。我们外出回来后，开着车回到地下车库，赫然发现已经有车霸占了我们的车位。于是，我们的车就只能停在外面的过道上了。这时候,孩子带着不好的情绪在嘟囔着:"妈咪,我不让别人停在我们的车位上。"即便我已经停好车,带他走下车准备去吃饭了,但他还是表现出了很不情愿,甚至都要带点哭腔了。

这时候,我把他抱起来,告诉他:"我能理解你的心情。可是呢,妈妈觉得这个没有什么问题啊!你相信我,等我们吃完饭,那个车就会开走了。到时,我再来把车开进自己家车位,你觉得如何呢?"孩子的情绪就慢慢平复了。

下午,我陪孩子在游乐场与同学们一起玩积木。忽然,他的同学走到他旁边说:"颉米,那个人拿了我的积木。"正在认真堆积木的颉米是这样回复同学的:"没关系,没关系,那是怪兽。"坐在旁边的我觉得很有趣。孩子居然会这样安慰自己的同学,让我有些意外。

同学还是有点不甘心,继续在颉米旁哭诉,颉米就继续安慰他。之后干脆放下手中的积木,去陪同学玩别的了。

博士后妈妈有话说:

一直以来,我们都强调要"立德树人"。然而,一到了现实教育情境中,我们往往会把知识技能的教育看得比"立德"更加重要。为什么呢?一方面是因为孩子学了"知识技能",能够马上显现出来,让大家感受到教育的效果,而"德"的教育效果却是需要很长的时间才能检验出来的;另一方面也是因为"知识技能"的教比起"德"的教来说,显然要容易得多。所以,在当前这样一个时代,我是时刻反思和警醒自己,在关心自己孩子学会了什么本领的同时,千万别忘了,一定要教给孩子"德"。在"德"中间,我以为又以"宽容大度"之品格为首。那么,如何才能教孩子做"大度"之人呢?

首先,家长做出宽容的榜样。孩子宽容的心来自家长,因此,我们在待人接物的过程中,与家人邻里相处的过程中,一定要宽容、大度。家长的宽容和大度还表现在宽容自己孩子的错误中。我们的孩子在成长过程中总是会犯点小错误,作为家长,也是需要宽容和谅解孩子,并引导孩子往更好的方向发展。

其次,教会孩子换位思考。从小,我们就引导孩子在与他人相处的过程中,站在他人的角度上思考问题。"同情心"是建立社会道德的基础,而培养孩子"宽容大度"的品格,也同样需要去激活和培养孩子的"同情心"。

第三,教孩子学会原谅的方法。这一点我觉得非常重要。当然,在教孩子学会原谅方法的同时,别忘了教给孩子原谅的标准。有些原则性的东西还是要坚持的。我们孩子从小就学会,当做错了时,必须要道歉;而一旦对方道歉了,我们就要原谅对方。有时候,我不小心做错了事,我的孩子也会对我说:"你刚才做错了，请道歉。"这就是我们之间所形成的彼此宽容的方式和方法。

四、从小培养孩子博大的胸怀

周末，我们短途旅行来到深圳，安排了家庭小聚餐。孩子们相聚都十分兴奋，在晚餐后，我们请到小哥哥表演魔方，孩子们都看得十分认真，看到哥哥精彩的表演，我们鼓励孩子们为哥哥喝彩。我们生活的世界都是最好的教材，让孩子学会为他人喝彩，是博大胸怀的第一要义。

下午回到家，正好来了个邻居小朋友。两个孩子在一起玩耍时，我发现小邻居自己认真地完成彩泥制作，而颉米由于兴奋，则忙着在给小邻居推荐玩具。之后我就与孩子交流："你看，哥哥很专心地在完成一件事，值得我们学习哦！当然，你也有值得哥哥学习的地方。大家互相学习，就会共同进步哦！"接着，颉米也认真专注地完成了一件作品，我立刻给予他赞赏。"瞧！原来你也是可以做到的呀！"鼓励孩子虚心向他人学习，则是博大胸怀的第二要义。

 **博士后妈妈有话说：**

俗话说，宰相肚里能撑船，每一个成功人物都具备

120

宽容大度的品质。可见，培养孩子博大的胸怀，非常重要。

本周，我们阅读和朗诵的正好是《道德经》第二章："天下皆知美之为美，斯恶矣；皆知善之为善，斯不善矣。故有无相生，难易相成，长短相形，高下相倾，音声相和，前后相随，恒也。"让孩子明白，万事万物都有两面，相反相成，从而播下包容和转化的思维种子。同时，我们也读了《道德经》第七章："天长地久。天地所以能长且久者，以其不自生，故能长生。是以圣人后其身，而身先；外其身，而身存。以其无私，故能成其私。"这段话又告诉孩子，做人要没有私心，懂得施与，这才是真正的德。我鼓励与孩子一起在吟诵中学会做人的道理。

除了吟诵，在日常生活中，当各种冲突发生时，家长一定要先以身示范，而后教给孩子具体的方法，包括沟通方式和思考方式。

第十七章　爱劳动的孩子最美丽

一、新时代的劳动教育怎么做

我发现，常常来沙滩边上玩的孩子们，都会带上各种沙具，然而大多都是自己东弄弄西弄弄，坚持不了多久，也难以燃起更多的兴趣。

于是，我想做的事情，就是带着孩子们一起真正"劳动"，让孩子们自己动手创作，建造属于自己的世界，进而获得成就感，感受到"劳动"的力量和光荣。

晚饭后，我带着孩子们出来散步，出发前就和孩子们商量好，晚上沙滩"劳动"的目标是什么。大家一致认同建造一座城堡，共同愿景搭建好了。

来到沙滩，我们大家分好工，我负责护城河的建造，孩子们负责建城堡，各自行动起来。没想到我们的行动还吸引了海边的小朋友，甚至还有大朋友也加入我们的行列。

大家在建造城堡的过程中,齐心协力,互相合作,遇到困难一起克服,很快,我们就建造了一座十分漂亮的城堡。

　　路过的人都不停地夸赞我们的工程,说这个建得真好!让很多孩子羡慕不已!我们家小孩更是骄傲得不行,最后在城堡边还搭建了一座桥。大孩子在城堡中写下:2019 年,猪年大吉,送上祝福。

　　两个小孩感觉特别有成就感,走的时候依依不舍。正当我们要离开的时候,来了两个小孩,十分兴奋地跳进我们的城堡里,把那几个大字给破坏了。这下,我家小的那个伤心得不行了,一路哭回家。

　　趁着这样的契机,我希望孩子们懂得——"劳动的成果真的是需要珍惜的。"劳动也是最幸福的。

　　那么,现代社会,究竟"劳动教育"的内涵是怎样的? 我们应该怎样来启蒙孩子的"劳动意识"呢?

博士后妈妈有话说:

　　核心素养"劳动意识"包括以下内涵:

　　其一,形成尊重劳动、热爱劳动、劳动光荣等积极的劳动价值观。

　　其二,养成良好的劳动习惯。

其三,具有动手操作能力,掌握一定的劳动技能。

其四,在主动参加的家务劳动、生产劳动、公益活动和社会实践中,具有改进和创新劳动方式、提高劳动效率的意识。

其五,具有通过诚实合法劳动创造成功生活的意识和行动等。

新时代里,"劳动"的概念与内涵显然有所变化,它拥有了时代的崭新意义,在此予以说明:

第一,新时代的劳动价值观内涵必须要超越"体力劳动与脑力劳动"之分。党的十六大曾提出:"不论是体力劳动还是脑力劳动,不论是简单劳动还是复杂劳动,一切为我国社会主义现代化建设做出贡献的劳动,都是光荣的,都应该得到承认和尊重。"当前,许多人一谈到"劳动",其概念内涵依然指向体力劳动居多,"物质产品观"也仍然占据主导。让我们的学生珍惜书本,提及更多的可能是印刷厂,但是对于撰写这本书的人则一笔带过。事实上,我们尊重脑力劳动成果的意识仍有待增强,知识版权意识也亟待提高。

第二,新时代的劳动习惯内涵也在悄然发生变化,它要求超越对外与对内的分裂。过去我们论及劳动,更多的指向外部世界,去改造世界,创造财富。然而,"劳动"历来是通向自立的道路。因而,未来的劳动习惯养成更多的应该指向自我服务劳动,这是最简单的一种日常劳动。让两岁小孩自己吃饭,让小学生自己检查督促完成作业,让中学生自我规划人生,这样才能真正实现劳动习惯与个人发展的统一。

第三，新时代的劳动技能将会更多地指向具有创新性的、复杂程度更高的类型。这需要我们及时更新"劳动"观念，将劳动实践与创新创造结合起来。与此同时，劳动实践还必须为建设诚信价值主导的法治社会做出贡献。

基于上述分析，我们建议在未来的教育中，能够从以下方面来培养与发展"劳动意识"。

第一，整合劳动价值观、劳动技能与劳动习惯教育。价值观的形成必然依赖于长期的行为习惯，而行为习惯的养成又建基于劳动技能之上。反之亦然，劳动技能也必然以正确的劳动价值观为根基，在劳动习惯中逐步巩固与形成。三者不可割裂来进行。

第二，融合体力劳动与脑力劳动教育。传统概念中，我们常常可以区分体力劳动与脑力劳动，进而在教育中也有所区分。未来，身心合一哲学的发展以及时代的进步，都将驱使人类必须将体力劳动与脑力劳动进行融合，继而实现社会发展与个人发展的统一。

第三，协同劳动教育、创新教育与道德教育。追溯劳动的起源，它更多的与"实践"联姻，而创新则与"知识"结合，二者与个人发展相关，但却长期分离。"道德"则是与超越个人层面的社会相连。三者看似各有所指，但在核心素养视角下，协同个人发展与社会发展的意义上，它们完全能够整合与协同。

第四，统整学校教育与家庭教育、社会教育。我们以为，"劳动意识"的培养绝非学校教育开设几门课程,开展几次活动就能实现的,它需要学校教育、家庭教育与社会教育能够三位一体,共同为之努力。值得一提的是,核心素养为本的教育改革,统筹学校教育、家庭教育与社会教育就是其核心目标之一。

二、带着孩子一起"大扫除"

这个周末,我带着孩子开始进行"大扫除",全家人一起来学会整理。

早上一起床,我就跟孩子商量,今天的任务是"大扫除"。每个人都分配一间屋子,各自负责整理各自的房间。早饭后,我们就开始行动起来,我负责客厅的整理,孩子负责卧室。在这个过程中,尽管孩子很不熟悉,但是也在尝试着自己叠衣服,跟我一起学会使用吸尘器,动手整理自己的书籍,学会进行分类。最后,孩子十分享受自己的劳动成果,在飘窗上给自己设计了一个阅读学习的空间,他非常喜欢。

劳动教育从学会整理和大扫除开始。

 **博士后妈妈有话说:**

这个星期我是推荐过一本书——《扫除道》,通过

各种途径,我了解到这本书所带来的一股风——整理。说实话,整理不仅是个技术活,更重要的是一种心灵的发展。

随着信息时代的来临,不知不觉间,经过一段时间的生活后,蓦然回首,我们赫然发现,自己的房子里已经堆砌得满满的,自己的电脑里、手机里的资料都已经爆满了,怎么办呢?

来到孩子的空间,我们也会发现,不经意间,我们给孩子买的玩具已经可以堆满一间房子了,然后慢慢地就有很多玩具被搁置起来,孩子几乎都不会触碰;书籍也遭受着同样的待遇,那么多的书,又有几本是经常被翻阅的呢?再加上,我们在各种诱惑下还会不停地去继续买书、买玩具。这真的是一件值得引起大家重视又迫切需要面对的问题。

在这种背景下,"整理术"会显得尤为重要。以后的日子里,我们都要坚持每个月至少有一次"扫除日",以提醒自己和孩子,要时刻清理自己的心灵世界和生活世界。

三、玩也要玩得有水平

今天,跟孩子一起在家举办了一个车展。首先,让孩子将自己的车都找出来,不找不知道,一找才发现,原来孩子拥有了不少玩具车。

接着,就引导孩子对车子进行分类整理和摆放,一边布置的时候一边引导孩子思考主题,我们将车分成了迷你车展区、变形车展区、巨型车展区、工程车展区、越野车展区、中型车展区,等等;再来,就和孩子一起给这些车写展览标签,引导孩子学会介绍车子的功能、特性以及类型;最后,让孩子自己制作展览的门票,并进行真正的卖票交易,理财教育渗透其中。卖出的票所挣的钱,最后由孩子自己进行管理。孩子在给大家介绍车子的时候,也锻炼了口语表达能力和思维能力。

同样是玩,您觉得哪种玩法会让孩子得到发展呢?我想,在这样的"玩"中,孩子学会了整理与分类;学会了归纳与提升,体验了组织与管理,甚至还有理财的教育,这是多么有意义的"玩"呀!

博士后妈妈有话说:

平时,我经常听到有人说,孩子就是要玩的。我觉得这句话是没有错的,不过我总以为,如果孩子每天都是放羊式的玩,他的成长一定是比较缓慢的,或者是接近于自然发展状态,这也降低了教育的价值和意义。教育对于成长中的孩子来说,最大的意义不就在于帮助孩子超越本能吗?不就是发展孩子的理性,从而引导孩子的感性健康而合理地发展吗?所以,请重视孩子的"玩",不要随意,而要认真、科学,最好能遵循孩子的天性,设计各种有趣的游戏活动，让孩子能够在动手操作游戏中获得更好的发展，是早期教育的最佳选择。

我们在生活实践中，究竟能设计哪些动手操作游戏呢？

首先，生活类游戏。例如，让孩子帮助倒垃圾、扫地、择菜等等，相信孩子，孩子会成长得更好。最近，我就发现不到三岁的孩子就能自己动手削一个苹果，完整地削完，大人没有给任何的辅助。真的是让我很惊讶！

其次，角色扮演类游戏。孩子喜欢当设计师，我就鼓励他用积木创作大型客机，我还与孩子共同比赛设计宇宙空间站；孩子喜欢当音乐制作者，我就让他在 iPad 上演奏《蓝色多瑙河》，而我在一旁欣赏着，享受音乐带来的美好；孩子喜欢当医生，给我看病动手术，我则躺在床上乖乖当病人。这些游戏，都让孩子在动手中成长。

第三，益智类的动手游戏。很小的时候，我就一直鼓励孩子使用橡皮泥，随意捏出自己想要捏的东西，而后是带着孩子玩象棋、玩七巧板，等等。在这些游戏中，孩子都获得了成长。

所以我始终坚信，只要我们用心设计，孩子积极参与，他一定能在动手操作游戏中健康地成长。

第十八章　培养孩子的创造力

一、文化学习与创造力发展冲突吗

相信很多人都听过这个故事:1968 年,在美国内华达州,一位叫伊迪丝的 3 岁小女孩告诉妈妈,她认识礼品盒上"OPEN"的第一个字母"O"。这位妈妈听后非常吃惊,问她是怎么认识的。伊迪丝说是"薇拉小姐教的"。令人想不到的是,这位母亲立即一纸诉状把薇拉小姐所在的幼儿园告上了法庭, 她的理由令人吃惊,竟是说幼儿园剥夺了伊迪丝的想象力,因为她的女儿在认识"O"之前,能把"O"说成苹果、太阳、足球、鸟蛋之类的圆形东西,然而自从幼儿园教她识读了"O"后,伊迪丝便失去了这种能力。诉状递上去之后,幼儿园的老师们都认为这位母亲大概是疯了,一些家长也感到此举有点莫名其妙。3 个月后,此案在内华达州州立法院开庭,最后的结果却出人意料,幼儿园败诉。

不知道为什么,这个发生在半个世纪前的故事几乎每年都会在我们的网站上被搬出来，刚看到上个月在某个家长群里又出现了。于是，我觉得有必要就这个故事来讨论讨论"创造力"的培养问题。因为这个故事本身常常被用来说明：提前认字、学字，甚至于提前接触人类文明所创造的工具都是一种错误。

故事中的母亲状告幼儿园的理由是说幼儿园提前教孩子认知字母，抹杀了孩子想象的权利。单从想象力的角度来说，这似乎是对的。然而，想象力与创造力究竟是什么关系？创造力又与文化存在什么关系呢？

博士后妈妈有话说：

随着认知心理学研究的发展，关于创造性发展研究近年来逐渐出现两大观点，大家必须注意到：

第一，就是创造性具有领域特殊性。在皮亚杰之后，越来越多的心理学家开始认同创造力的领域特殊性，并开展相关研究来寻找证据。所谓创造性的领域特殊性，就是指一个人的创造性可能存在于某个主题领域（如绘画、音乐、数学等）或主题下面的微领域（如音乐中的指挥、数学中的几何等），而并非是一般化的。这对于我们的教育来说，意义是很重大的。这意味着，如果我们只是关注孩子一般化的想象力发展，创造力的发展可能难以实现。

第二，就是创造力与知识经验的关系密切。过去有人试图在学校开展"头脑风暴"的训练，以期发展孩子们的创造力，后来发现这都是徒劳的。为什么呢？因为"创造性"是思维的一种，而思维就一定有思维的对象和内容，而"这个内容"就与孩子的知识经验有着密切的关系。在这个意义上，我以为，随意地否定孩子的知识学习是有所欠妥的。尤其是如果我们站在"阅读"的角度上来看，提前识读对于孩子的经验发展是值得倡导的。

因此，我们希望更多的家长应该看到"创造力"的本质，因此我们在陪伴孩子的过程中，应该做的事情是：

1.给予孩子创造的自由。今天我和颉米本来想创造一幅天空的图画，因为他看到了天空中美丽的云朵。但创作过程中，孩子完全顺着自己的性子来，我觉得应该尊重他，就提供他这样的机会，家长能做的事情就是给他准备纸、颜料和笔。

2.丰富孩子的知识经验。幼儿时期我们鼓励家长带着孩子出去旅行，不能旅行的也要多阅读，多看与多听，在获取了丰富的经验后，孩子的创造力才能发展得更好。

3.创造性的玩耍是很关键的。我们的颉米每天自己玩耍时，都是有创造性的。他总是能创造出各种玩的游戏，许多游戏连我都想象不到。

二、幻想的力量

孩子洗完澡出来,用浴巾裹住的那一刻,我会说:"来来,裹粽子。"颉米十分可爱地问:"这是什么粽子啊?"自问自答:"是甜粽子吧?"打开浴巾,他又问:"打开之后,出来的是什么呢?"然后不穿衣服,就开始在床上爬起来。"哦哦哦,是乌龟吧?"他听了立刻全情投入表演乌龟爬行。为了配合他,我还给他做了一个乌龟壳呢!当孩子想象力萌发时,作为家长,我们不是去阻止,配合就好了。这是一件有趣的事。

博士后妈妈有话说:

每当我看到那些充满想象力的绘本、动画、影片和文学作品时,心中总是很羡慕:为什么人家能想到,我却想不到呢?随着年龄的增长,自己的幻想力更是缺乏了。现在,如果随便给我两只动物,让我围绕他们来创编故事,很难逃脱现实生活的影子。因此,我更佩服那些充满幻想力的人。读读《哈利·波特》,就特别佩服罗琳的幻想;看看《火影忍者》,觉得那是另一种思维。

于是,我特别希望孩子能在最烂漫天真的年代,保持和发展足够的幻想力。因为实际上,幻想的力量是很大的。幻想能让孩子更加坚强和勇敢,幻想能让孩子充满活力与激情,幻想是孩子遭遇困境时前进的动力。

那么,如何帮助孩子形成丰富的幻想力呢?

第一,理解孩子的幻想。当我们看到孩子拿起棍子口念"我是孙悟空!"的时候,这种对于"力量"的幻想,是孩子对强大的向往,我们要理解,适当的时候给予推动。我们就当回"孙悟空"的观众又如何? 甚至于,我们还可以给予"孙悟空"一定的支持,给他创设情境,让"孙悟空"发挥作用。

第二,不随意泯灭孩子的幻想。天真的孩子每天都可以有很多的幻想,他的幻想有些时候是天马行空的,我们不要为了追求所谓的客观知识而随意泯灭孩子的幻想, 甚至于我们要告诉自己,孩子的幻想力永远比成年人强。这样一来,我们不要为了孩子一幅画得不怎么"像"的图而去纠结,只要在旁边问:"孩子,你画的是什么呢? 跟我们分享,好吗? "

第三,引导孩子幻想。带着孩子读丰富的绘本,走进阅读世界;陪着孩子看多彩的图画,走进漫画世界……文字与图片的背后潜藏的世界是无限丰富的,比现实世界要丰富得多得多,等待着我们一起去漫游。

三、知识学习是创造力发展的基础

今日,我将孩子近日的画作放在一起,这些画作都是他自己创作的,没有任何人给予指导。不是说孩子画的有多好,但至少内容都是很丰富,并且每幅画都有自己的主题,画中有故事、有历史、有文化。昨天创作的"金字塔"连大姨都不知道画里的是"狮身人面像"(确实也不太像,呵呵!),但他整个画面的色调都是用的黄色,因为这是沙漠的世界。今日创作的是"重生",讲述的是"飞机的历史",并且里面还出现了远近构图的原始思维。在大飞机下面有架很小很小的飞机,孩子问:"你知道为什么这么小吗?"我说不知道。他告诉我:"因为它离得很远很远,你发现了吗?离得远的东西看起来就很小。"是呀!我赫然发现,平时孩子爱看的《人类简史》《宇宙秘密》等等,都在他那颗小脑袋里留下了印痕。在这些印痕的基础上,孩子才开始有所创作,即便创作是很稚嫩的。但透过孩子稚嫩的笔头,我们能感受到他的精神世界是如此的丰富,我觉得这与孩子平时的"知识学习"是分不开的。

博士后妈妈有话说:

在以"创新"为核心价值的当代教育体系中,"创造力培养"的重要性日渐凸显,并发展为教育的中心。从曾经的"李约瑟问题"到如今的"钱学森之问",也都转化为"如何培养学生的创造力"这一艰深的教育难题。

大家都在努力思考、研究和回答钱学森的问题，然而，关于创造力的培养却始终收效甚微，究其原因，实有许多。然而，有一个原因是值得大家关注的，那就是：已有的创造力以及创造力培养研究，大多建立在分离割裂创造力与知识、创造力培养与知识教学的基础之上，进而导致创造力教育始终游离于知识教学这一教育主流之外。在许多人的观念中，"知识学习"似乎就是"创造力培养"的天敌。其实，综观已有古今中外的研究我们都会发现，二者并不是非此即彼的关系，可能更多的是相辅相成的关系。

透过今天自己孩子的小故事，我想至少可以证明一点，"知识学习"并不是"创造力"发展的天敌，反而能促进创造力的发展。

文化基础素养

文化基础素养重在强调能习得人文、科学等各领域的知识和技能，掌握和运用人类优秀智慧成果，涵养内在精神，追求真善美的统一，发展成为有深厚文化基础、有更高精神追求的人。仔细推敲，我们会发现，文化基础素养中最本质的特征就是两个字"基础"。这里的基础包括了人文和科学两个方面。具体表述为：人文底蕴和科学精神。

总的概括起来，文化基础具有三大重要的本质：其一，基础性；其二，稳固性；其三，适应性。所谓基础性就是指的基础知识和基本技能；稳固性指的是学生学习掌握的素养应该在相当长的时间内甚至于终身都是有效的；适应性则是指学生所要学习的东西具有很强的适应性，在未来不确定的社会里能够迁移应用。

在提升文化基础素养方面，我们必须把握的理念是：文化的概念，文化就是以文化人。在这里，人是根本。一切文化知识的学习、理解和掌握,都应该是以人为本。因此,提升文化基础素养过程中,应该把握以下三个基本点:努力让孩子掌握三大基本文化工具,即语言、数学和计算机;回归生命教育,重视"思想方法"学习、"精神关怀"和"审美情趣";重视"思维教育",包括思维品质、思维方法和思维能力的教育。

总的来说,面对新时代的育儿,我们的家长必须要认清形势,把握时代的脉搏,坚定核心理念,给孩子留出更多自由的时间。

第十九章　适合儿童的学习方式

一、生活体验式学习

今天终于放晴了,我和孩子做了一个重要的决定,吃过早饭后我们要去公园摆地摊。孩子很谨慎,去之前,让我先在家给他排练下:我当顾客,他当老板。整个过程,他的确很认真地对待。

一开始学会如何吆喝,然后还做了策略调整,营销策略是"买一送一",接着自己主动跟我分工,他负责教顾客玩玩具,我负责收钱。他教导玩玩具的过程,还用语言描述,挺有意思。看起来,一切都挺顺利的。然而,到了真正的公园,事情就不是想象的那样了。

先找了一块空地摆下摊子,然而过往的小朋友并不多,由于初来乍到,也没有人前来光顾。孩子一开始还在吆喝,只是过了一会儿就放弃了。再然后,就想办法自己去演示玩具,希望吸引到顾客，可惜还是没有吸引到小朋友来看。很快就到吃饭时间了，我们也只好收摊回家了。尽管没有收到预期的效果，但孩子在这个过程中还是体验到了许多。

博士后妈妈有话说：

在公园，尽管周边有各种各样卖玩具、卖气球和卖食物的，但我发现孩子居然毫不关心，只关心自己的摊子，这是值得肯定的，因为这说明孩子有了小小的责任意识。

一次体验式学习，能够留给孩子的记忆究竟有多少，我并不清楚，但我相信，责任感的培养就应该在这种日常的生活中实现。同时，孩子学会了"管理思维"，学会了简单营销策略，体验到生活的艰辛，等等。

此时此刻，我想说，与其总是让孩子花钱去各种游乐场玩，倒不如也试试这样的体验式活动，因为它是培养孩子素养的有效学习方式之一。

事实上，早有学者在理论上阐释过体验式学习的价值和意义。大卫·科尔布（Kolb，1984）是体验式学习理论的代表。科尔布认为学习不是内容的获得与传递，而是通过经验的转换从而创造知识的过程。他用学习循环模型来描述体验式学习，该模型包括四个步骤：1.实际经历和体验——完全投入到当时当地的实际体验活动中;2.观察和反思——从多个角度观察和思考实际体验活动和经历;3.抽象概念和归纳的形成——通过观察与思考,抽象出合乎逻辑的概念和理论;4.在新环境中测试新概念的含义——运用这些理论去做出决策和解决问题,并在实际工作中验证自己新形成的概念和理论。

基于这个模型,我们能够看到,体验式学习方式,是以"孩子"为中心的学习方式,它能让孩子在实践中通过反思和调节发展起相应的知识、技能和态度。这种学习方式能够激活孩子的潜能,值得鼓励。

二、多维感官体验式学习

有人会问我,怎么给孩子选择学习材料?

其实挺简单,我们一直坚持综合性课程的开发。例如,这周,宝宝主要学习的是 weather(天气),所以这段时间,我们从儿歌中选择了 *Rain Rain Go away*《雨呀 雨呀 快走开》以及 *Weather Song*《天气歌曲》,通过磨耳朵来熟悉天气的相关概念;接着,我们又选择了 *Penelope*(英国 BBC 动画片《蓝色小考拉》)的 *Fun in the Weather*《天气真好》进行阅读,反复阅读或加配音;再来,我们还设计了相应的手工作业,一起动手来了解 weather(天气)。

博士后妈妈有话说：

为什么要设计多元的活动呢？首先，因为孩子学习的特点就是这样：对同一事物或概念，采用多感官的输入，就能综合刺激孩子的听觉、视觉、触觉、嗅觉等各种感官，从而让他获得更丰富而全面的体验。可以说，单一的感官刺激总是不如多维度的感官刺激效果好。其次，要想让孩子获得对世界更加立体而全面的感知觉，进而深化理解，我们就需要围绕某一主题或某一概念来进行资源的选择和活动的设计。只有当孩子有着丰富的多维感官体验后，才能更好地发展自己对主题、概念和世界的认识，从而建立更为全面的世界观。

三、内隐式学习

我们常常会发现，孩子嘴里会冒出一些我们从未教过他的话语，可是那些话语却又会惊讶到我们，因为那些话似曾相识，好像是自己在什么地方说过的。我们把这种现象称为"无意识学习"，也有人称之为"内隐学习"。

如果家长对"内隐学习"了解得更多一些，就会有利于我们的教养工作。那它到底有怎样的效果？要如何去理解和应用呢？

博士后妈妈有话说：

　　或许我们一直以来都比较重视与孩子之间的互动教育,从而导致我们比较忽视甚至排除孩子自身之外的"环境教育",所以我觉得有必要在这里郑重地提及一下。

　　日常生活中,我们大人都会按照自己的行为习惯来行事,习惯了想说什么就怎么说,想做什么就怎么做。而把对孩子的教育放在另一个生活情境中来设计和践行。因而常常导致出现这样的现象:"明明我很用心在教育孩子,我也花了不少力气,可为什么我的孩子就是表现得不尽人意呢?"

　　我想,其中至少有一个原因存在,那就是人们常说的那句话:"有什么样的父母,就有什么样的孩子。"不要小看这种以身示范的教育作用,因为在早期的婴幼儿成长过程中,"无意识学习"或"内隐学习"是占据主导的。

　　已有研究表明,孩子在很小的时候就已经存在"内隐学习"了,它能引起神奇的效果,即孩子似乎不用怎么努力,家长也无须多教什么,孩子就能学会某种东西。这导致很多家长认为自己的孩子是天才。

　　"内隐学习"这种神奇的效果早已引起无数心理学家研究的热情,因为这种似乎不需要努力的学习却能够达到甚至超过外显学习的效果,的确很吸引人。不过,就目前的研究进展来看,内隐学习还主要体现在"语言学习""运动知觉学习"等上面,其机制也还有待进一步研究。

"内隐学习"既然是具有如此神奇效果的学习方式,且是早期婴幼儿学习的主要方式,那么就要引起我们家长的重视了。我们平时跟别人聊什么,怎么聊,千万不能小看这些内容,因为它很可能被孩子学习到,甚至于对孩子造成较大影响。

四、反思式学习

孩子看书时,我随手拍一段,而后与他一起欣赏,他看到自己认真看书的样子,开始反思了,我趁机说:"哇,瞧你看书的样子多么专注,多么可爱!"强化行为反思!看到他玩玩具弄得地面一团糟,拍照给他看,"Hi, What a mess!"(太乱了,糟糕透了!)孩子开始反思,自己行动起来收拾地板。

让孩子反思,您觉得这可能吗?

博士后妈妈有话说:

一说起"反思",很多人会说:这么小的孩子,谈什么反思啊,连自我意识都还没有形成呢!这里我要特别阐释一下我所理解的"反思"，以及在实践中的做法。

反思，用英文翻译就是 reflection，动词形式就是 reflect。第一层面的"反思"，就是简单的反映、映射。当我们的宝宝刚出生时，他们无法将自己和周围的世界分离，所以当有一天，你发现孩子看着镜子里的自己会笑了，那时候孩子的自我意识也开始发展到了一个新的阶段。

有位人类学家说过，人与动物相比，最大的优势在哪里呢？就在于人的意识能够脱离人本身，进而反观自我，实现自我的成长。因此，在早期教育中，我主张借助一定的媒介，例如镜子，更好的还有照片、视频等，让孩子自己观看，从而实现自我意识的成长。记得我家孩子还只会爬时，我们就会给他看自己的照片，或者说"有趣的视频"，让他多看"自己"，能够促进他自我意识的成长。

第二层面的"反思"，就是简单的回忆。说真的，自从有了现代化的数码产品后，我们人类的"反思性学习"便已经不再是问题了。随手一拍，记录下生活中的点滴，引导孩子回忆，这是另一种重要的"反思性学习"。回忆既能训练孩子的记忆力，更重要的是通过回忆，帮助孩子建立更加丰富、全面的生活经验，从而增强生活的意义。孩子常常会要求我给他看当天拍的照片和视频，然后一起来观察和讨论，他会陶醉在自己的表现中，进一步强化这部分的生活经验。

第三层面的"反思"，就是上升到价值观、行为的自觉与批判了。如日记中提到的，孩子在生活中的表现，我们随手拍摄下来，并与孩子一起观看和讨论，这就是一种更高层面的反思。其实，生活中的点点滴滴都值得我们记录，而后帮助孩子，促进孩子反思性学习。

五、愉快式学习

在今天陪伴孩子学习的过程中发现，孩子之前不怎么想学习的内容，现在学习起来居然兴致十分高昂。"愉快的学习"在孩子身上真正得到了体现。然而，在生活中，我们常常会听到家长们说："你让这么小的孩子就学习，是不是太残忍了？"为什么许多家长，只要说到学习，就会联想到"苦"呢？这就意味着，大家都认为学习是苦的，而童年就应该是快乐的，这样一来，很多家长都将"学习"与"幸福童年"对立起来。

我们到底应该怎样看待"学习"呢？

博士后妈妈有话说：

关于"学习"究竟是不是一件快乐的事情，历来就是很多人争论的焦点，一部分人认为学习从来不是件轻松的事情。另一部分人则认为学习是一件快乐的事情，要让孩子在快乐中学习。尽管现在有许多人在提倡"快乐学习"的理念，但还是有相当一部分的家长，尤其是我们的老师们，还是认为："没有经过无聊和痛苦的学习过程，就不可能有快乐的学习成绩。"这种假设的由来，我估计产生于两条路径：一方面是我们的传统文化精神，自古以来中华民族就有这个优良传统，认为吃得苦中苦，方为人上人；另一方面就是来自身边优秀的人或者自身的经验，这些经验都告诉我们，不吃苦是不可能获得成功的。这么看来，说"学习是痛苦的"似乎也并无道理。而再看另一派观点，认为学习应该是快乐的，其观点产生于"兴趣是最好的老师"，不喜欢、不能产生愉悦情感的学习是很难持久的。如此看来，这样的观点也是正确的。

把两种观点摆在这里，仔细一分析，就赫然发现这样一个结论：为了成功的学习，必然是痛苦的；为了兴趣的学习，应该是快乐的。

两者最大的区别就在于"目的"不同。那么，我们基于心理学的视角，来分析一下这两种观点的合理性和不足：

学习过程中的"痛苦"来自"超越自我"。因为人的知识和技能包含层层嵌套的三个区域：最内一层是"舒适区"，是我们轻而易举就能学习到或者已经熟练掌握的各种能力；最外一层是"恐慌区"，是我们暂时无法学会，即超越自身的各种能力；二者的中间则是"学习区"。于是，要想从"舒适区"走向"恐慌区"，需要强大的意志力参与，"意志力"是一种逼迫个体逃离自我舒适与愉悦区的重要元素，因而也带给人"痛苦"的体验。这样看来，你说"学习"究竟痛苦不痛苦？

学习过程中的"愉悦"则产生于"认知的情绪依赖"。研究表明，"情绪优化了人的互动方式，并起到动机和知觉的作用。情绪在心理功能与神经机制两个层面影响推理：在心理功能层面，情绪把人引向需要优先关注的问题，从而使记忆、注意、言语、决策等认知过程变得更具选择性，并规定了认知的策略与风格；在神经机制层面，认知脑与情绪脑分离的假设被大量研究证据所否定，即使被视为情感中心的'边缘系统'也参与认知加工过程。"[①]如此看来，如果没有积极情绪的参与，学习一定是低效的。因此，你必须要让"学习"变得快乐起来。

当然，这其中还有一个非常重要的要素，常常被悬置了，那就是"学习到什么程度的问题"，毕竟学个皮毛和学个精深，是两种完全不同的学习。

综上，我想可以得出这样一个结论：学习的过程需要调动积极的情绪参与，才能有"高的效率"，同时，当要进行超越自我的"学习"时，必定又要有"意志力"的参与。

---

① 费益多. 认知视野中的情感依赖与理性、推理[J].中国社会科学,2012(08).

简单说,一味强调快乐或一味强调痛苦,对"学习"来说,都是没有好处的。只有让孩子科学地设立学习目标,遵循学习规律,才可能真正实现"终身学习"。其实,学习就是我们生命的一种存在。

第二十章 儿童学习的
典型问题与对策

一、孩子不愿意坐下来学习,怎么办

今天,我收到一个家长的提问,她问我如何引导 4 岁的孩子乖乖坐下来看书做习题呢? 收到这个问题时,我第一反应是,家长为什么遇到这个问题呢? 这个问题究竟是怎么产生的呢?

其实今晚,我和孩子在充分的亲子游戏之后,我只说了一句话:"颉米,今晚我怎么还没看到你自己认真地读书呢? "就简单一句话,孩子就自觉地抱着书阅读了,读完一本又一本,直到我催促他洗澡睡觉。

博士后妈妈有话说:

遇到孩子不愿意坐下来读书/做习题的问题时,首先要分析,孩子出现这个问题的原因是什么:

1.孩子不喜欢看书/做习题?

2.孩子没有养成看书/做习题的习惯?

3.家长想要孩子看书/做习题的时间与孩子自己的时间表不匹配?

4.家长想要孩子看的书/做的习题超出了孩子的接受范围?

…… ……

这样仔细一考虑,稍微总结一下就能发现,要让孩子坐下来看书/做习题必须要满足以下条件:

1.找到孩子喜欢的书或者练习内容。

2.配合了孩子的时间表,正好孩子玩耍已经结束了的时候,或者是睡前安静的时候。

3.帮助孩子养成良好的阅读与学习习惯。

4.营造适合读书和学习的家庭环境。

其实,冰冻三尺,非一日之寒。要想真正解决上面那个问题,最好的方法就是从现在开始,什么时候开始都不晚,帮助孩子养成一个好习惯:在某个适合的时间、某个适合的场所,每天坚持去做,假以时日,水到渠成。

二、孩子好动,就是得了多动症吗

在孩子还没有上小学前,家长已经开始有些焦虑了,担心自己的孩子将来学习不好,主要的依据是:现在的孩子真的是太好动了。想想以后要是让孩子规规矩矩坐在那里听老师讲课,估计是很难了,这可怎么办呢?

的确,许多家长都反映,现在的孩子真的是多动。如果在学习上遇到了困难,一些家长就会将原因归结到"多动症"上面,进而通过各种手段来咨询、矫正。最近我收到一个案例,家长将孩子在心理测评中心接受测试的报告发给我,我仔细一看,也没有发现孩子有什么不正常。于是,我开始纳闷,家长为什么动不动就怀疑自己的孩子是患了多动症呢?

博士后妈妈有话说:

今天,我的孩子们在活动中,虽然动得很多,但是表现出了极强的学习能力,无论是动作还是语言、思维。这让我意识到:究竟是现在的孩子们出了问题呢?还是我们的教育理念需要更新呢?

随着数字时代的来临,无论是大人还是小孩,都会存在一些这样的思维方式:多任务(multi-task),能同时处理多个任务,一边下载文件一边看电视,一边进行社交活动;视觉化(vision),比起文字更喜欢图像表达;随机性(random),我们把这种思维叫作"蚱蜢思维",就是具有超文本、跳跃的思维特点。孩子好动已经成为这个时代儿童的共同特质了。

因此,随着时代的变化,我们的教育理念需要更新。不是只有孩子静静地坐在那里听老师讲课,才是最有效的学习方式了。事实上,随着"具身认知"心理学研究的进展以及认知神经科学的发展,研究者会通过各种研究向我们证明,孩子们的有效学习方式更多的是通过品尝、触摸、掂量、实验来实现,"提取式"的学习方式比"输入式"——精细加工型的学习更有效。

希望有更多的家长能客观、冷静地判断自己的孩子,尤其是面对学习时,希望我们的老师和家长的理念都能有所更新,适应儿童的时代变迁。

三、为什么孩子会写反字

上回我将孩子自己写的数字发在了朋友圈,有家长看到后就留言问,为什么孩子会写反字呢? 恰好今天又有朋友咨询到:"有一年级孩子背课文没问题,但就是记不住汉字。"确实有许多孩子都会出现写反字的问题,这究竟是怎么回事呢?

 **博士后妈妈有话说:**

其实,孩子写反字和记不住汉字都有着部分相同

153

的原因。

"写反字"是因为年龄小的孩子视觉空间能力没有发育成熟。有研究表明，视觉空间能力跟一个人识图和识字的水平呈高度相关。在很多孩子的眼里6和9就是同一个字，b和q也是同一个字。在很多孩子的眼里，每个字就像一个手机，正着拿是手机，反着拿还是手机。当小孩总把字写反时，不要急着批评孩子，要给孩子成长的时间，一般到8岁左右就很少有孩子会把字写反了。

如果一个孩子认字和记字有困难，而其他方面都还不错的时候，就要考虑他的视觉空间能力是否有障碍了。

怎样提高视觉空间能力呢？建议让孩子多玩提高视知觉能力的游戏。比如玩九宫格、摆积木、画画、走迷宫等，这些游戏都会让大脑的空间方位感大大提高，通过游戏可以提升孩子的视觉空间能力。当然，大脑神经机制的发育问题，可以适当通过行为干预来改善，但我们还是期待能有更加科学的方法来进行直接干预，期待脑与认知神经科学的继续发展。

四、孩子成长的轨迹并非线性

最近和一些家长在交流中发现：有些孩子一两岁的时候都会做的事情，长到两岁多或三岁，反而不会了。孩子在幼时的记忆力超强，长大之后反而变弱了。孩子过去听几遍就能复述古诗，现在却是反复多少遍也不会。这究竟是什么原因呢？

博士后妈妈有话说：

　　孩子的一举一动都牵动着我们做父母的每一根神经，一旦看到孩子出现这种倒退现象，心中不免焦虑，甚至开始怀疑自己的孩子是否出了什么问题，或者质疑起自己的养育方式了。

　　我想告诉父母们的是：所有孩子的成长轨迹都不是线性的，出现这种倒退现象是非常正常的。

　　形成这些倒退现象的原因有多种，家长可以进行分析，而后学会接受和进行适当引导：

　　1.孩子的"自我意识"开始凸显。有一天，孩子忽然变得"自我"起来，出现情绪上的不受控制，听不得别人的意见和建议，固执己见。在家长看来，这或许是社会性认知水平的倒退，但实际上却潜藏着孩子的内在成长，请不要着急。

　　2.孩子的"依赖感"变强。忽然有一天，孩子变得更加离不开父母了，以前明明能自己完成的事情，现在忽然变得不会了，生活自理能力也下降。这可能是孩子想通过这种特殊的方式来寻求"依赖"，即寻找安全感。

3.孩子的"左半脑"在发育。小时候,孩子大部分是靠右脑在思维,能够过目不忘、过耳不忘,随着大脑的发育和生长,现在孩子更多地靠"左脑"来思维,记忆方式从情境体验式转变为逻辑推理记忆,于是开始出现"记忆力"减退现象,希望家长们能够理解。

总之,孩子的成长轨迹并非线性的,我们需要去理解和接受,同时更多的是去做分析和思考,进而给予适当的指导。毕竟,越焦虑就会越着急,越着急就会逼得越紧,就可能导致破坏亲子关系的结果。

第二十一章　引导孩子
爱上语言与阅读

一、交流的语言水平影响孩子的语言发展

老师最近反馈我，说孩子的语言表达水平让她感到很惊讶，孩子能够准确地使用各种抽象的词汇来表达自己的想法。然后向我请教，问我用了什么方法来教育孩子。

无独有偶，朋友聚会过程中，有朋友在分享育儿体会时也说出了十分抽象的话，在座的朋友立刻就问："您用这么抽象的话语沟通，您儿子听得懂吗？"得到的答案自然是肯定的。

博士后妈妈有话说：

我们在与孩子沟通时，总是认为，孩子是难以听懂抽象话语的。于是，很多家长喜欢用简单、幼稚的语言表达来与孩子沟通。而我则不这么认为，我以为孩子本来就是成长中的

孩子，他的思维、语言都受外界，尤其是他父母的影响。家长用什么样的语言跟他沟通，他学习到的就是什么样的语言。

孩子刚学会说话时，我就已经开始尝试用"叠词"来与孩子沟通了，例如，看见"太阳"，我会告诉孩子，"太阳红彤彤的"；看见"小草"，我会告诉孩子，"小草绿油油的"……我希望孩子总是在这种诗一般的语境下进行熏陶。

再大一点，我就开始尝试引导孩子使用"关联词"进行表达了。从最简单的关联词开始，"又……又……""因为……所以……"，等等。我希望孩子能够逐渐理解语言与思维的关系。

现在，我也是非常留意与孩子沟通与交流语言的使用。每次遇到任何事情，只要我能想到的，我都尽量用"成语""名人名言"等方式来做总结。

与孩子进行交流所使用的语言，在某种程度上会影响孩子的语言发展水平。

二、请千万不要错过孩子双语学习的关键期

今日，孩子在英文表达和交流方面的表现让我再次坚定了自己的育儿理念。孩子看到图片，自然就输出了英文，更特别的是，我听不出的语音问题，他一下子就识别出来了。他能听懂长句并进行很好的模仿和输出，而这些都是我们成年人很难做到的。

因此,我再次坚定地相信,孩子的语言学习是有关键期的。

博士后妈妈有话说:

在此,我要告诉所有家长,孩子的语言发展关键期真的是太重要了,我必须要在此重申。在孩子母语意识未完全建立起之前,学习外语,主要是通过本能在学习,这样的学习效率比之后的系统语法与语言学习要高得多。

首先,最重要的是语音意识与敏感度。今天我们一起说"Thank you!"孩子听到大人们发音不标准,就一直纠正。这说明他的耳朵非常灵敏,我们听不出来的发音他能知觉到。我相信,这种敏感度会让他在外语学习的路上走得更顺。

其次,很关键的就是建立了双语的交流习惯。从小的双语学习,让孩子从来都不拒绝英语,更没有觉得学习英语是负担。在他的潜意识里,两种语言都是交流的工具。我相信,这将为孩子未来的英语学习降低心理负荷,从而节省更多的宝贵时间在外语的学习上。

还有一点,双语的学习与交流能够促进孩子认知加工能力的提升。简单说,就是孩子的思维反应会更加灵敏。

已有的科学研究都表明,双语学习应该越早越好!真诚地希望家长们能够重视起这个发展的关键期。

如果大家都意识到了这个关键期的重要性，那么接下来自然就是行动。如何行动呢？

对于刚出生的宝宝，我建议是用英文儿歌磨耳朵，英文儿歌我推荐 *Fingers Player* 以及类似的幼儿英语语感启蒙，这些儿歌都是非常简短但又朗朗上口的，很好学习；随着孩子年龄的增长，建议选择玩具的时候能够倾向外语玩具；再大一点儿，选择一套适合孩子的视频，建立良好的双语阅读习惯。

三、不会英语的家长怎么启蒙孩子

昨晚表妹专门来电咨询，如何给孩子选英语培训机构，给我提供了很多种模式，希望我能给点意见。

关于语言教育的那些事，是值得讨论和研究的。选择英语培训机构只是语言教育的一个方面，更重要的还是日常生活中英语的启蒙。然而，现在大部分的家长，自己的外语水平不怎么样，根本不敢开口说英语，那么这又要如何来启蒙自己小孩的英文学习呢？

 博士后妈妈有话说：

第一，孩子语言的启蒙老师一定是家长。这一点请不要怀疑！因此，我对表妹说："你让我帮忙选机构的同时，我却更希望你能做宝宝的英语老师。"因为语言的学习需要运用的环境。

第二，不懂英语的家长要怎么启蒙孩子。首先转变心态，要知道，作为现代父母，学点英语是必需的。所以要把自己当作学生，不是教孩子说英语，而是与孩子一起学英语。其次，找到方法。怎么学？听儿歌，玩游戏，外加绘本阅读是主要方法；再来，找到合适的内容。用什么材料？不要总想着用系统教材，对于孩子和你，就是找到自己最爱的歌曲、动画片和游戏。一起听歌，学唱；一起看动画片，演绎角色；一起玩游戏，最需要的是家长们能够专一，不怀疑，坚守信念。

第三，外教到底有多重要？大家总会以为，有了外教才是真正地学英语，其实未必。外教的价值主要是给孩子形成一种意识，语言是用来交流的，同时好的外教可能可以教给孩子正确的语音。然而，大家仔细想想就知道，因为价格昂贵，所以孩子能与外教相处的时间并不多。在这种情况下，依赖外教来启蒙孩子的英语也是不太合理的。只能说，有条件的话，就上点外教课，但绝不是依赖外教课就完全能帮助孩子启蒙英语。

怎么启蒙孩子学英语呢，包括学习各种语言呢？最重要的恐怕就是改变我们家长自己了。我们在日常生活中，要努力建构条件，让孩子喜欢学外语，爱上外语，对自己用外语表达很自信。假若能做到这点，说明孩子的英语学习已经成功启蒙了。

四、怎样才能让孩子喜欢上英文绘本

一大早又有朋友来咨询，他说到一个问题，孩子平时在家阅读，读中文绘本就有兴趣，但一旦要读英文绘本，就开始躲避。这的确是个问题！那怎么办呢？

看看我家颉米的表姐，没上过英语培训班，在纯中文的语境下成长。之前来我家的时候，颉米读英文和看英文动画，她都很抗拒，基本上不愿意接触。但是，这次跟我们住的时间长一点儿后，发生了很大的变化。主动找来英文绘本让我给她读。是什么让她发生了这么大的变化呢？

博士后妈妈有话说：

其实，给孩子读英文绘本还是有点讲究的。

第一，选择的绘本难度要适当。对于零基础的孩子来说，绘本还是首推"培生"的预备级，句式简单而重复，孩子很容易接受。

第二，选择的绘本内容一定要有趣！这一点也是吸引孩子的最大原因了。

第三，阅读绘本时请努力通过动作来让孩子弄明白，说的英语不要复杂,但是通过表情、动作,配上图画,孩子就能听明白故事的内容。

如此一来,我相信孩子一定会喜欢阅读英文绘本的。

第二十二章　阅读是启蒙学习的重中之重

一、阅读需要坚持

这两天,我和颉米总是在旅途中奔波,作息时间也乱了,如此一来,静心阅读的时间也减少了,怎么办呢?

虽然说很多家长都知道,坚持阅读很重要,然而,在特殊的日子里,能否坚持阅读,则是一个难题,需要我们去克服。

博士后妈妈有话说:

如果你要问我,早期教育最重要的是什么?我想说:就是先坚持做好一件事。

我也经常问自己,在我的教育理念里,最需要坚持做好的是哪件事呢?答案是:阅读。然而,由于种种客观原因,我们的生活中常常会出现很多的意外,在意外和特殊的时间里,我们还能否坚持阅读呢？这就需要策略和方法。

第一，家长坚持很重要。其实，每次出差旅行的时候，我总是不忘给颉米带上书，奶奶总是会反对。可是，不管谁反对，也不管是不是麻烦，我都是会坚持带的。不过，我会首先选择一些薄而小的绘本来携带。其次，我会选择跟旅途主题有关的书籍，例如环保啊，交通工具啊，等等；这样，在旅途过程中，遇见事物需要进一步解释的时候，书本就是工具了，与孩子共读，也丰富了旅行的意义。可能许多人无法理解，觉得一两天不读书其实没有什么啊，但是我的想法不是这样。在特殊的日子里，能否坚持阅读，是我们一直在努力培养的习惯，而习惯就贵在坚持，这跟读了多少书，书有多少用，没有太大关系。因为我更看重的是习惯。

第二，选择多样的亲子共读方式，激发孩子的阅读兴趣。今日共读的绘本还是以儿歌为主，但是这套绘本中元素丰富，每一读都能有新的感受。第一本叫作 *Dry Bones*，当看到书本最后一页时，我指着每根骨头，用英文问颉米："Where are neck bones?"他居然能准确在自己身上找出来。我觉得孩子真的很神奇，显然随着年龄的增长，孩子的观察力与推理想象同步发展了。第二本是 *Five Little Men*，这是一本相当好的环保教育书，每个孩子看到地球上破坏生态环境的场景时，都感到很伤心，而后就飞走了……在孩子读到这里的时候，我特意夸大了伤心难过的样子，企图获得他的共情。第三本是 *Five Little Ducks*，这是一首经典的儿歌,我们边唱边读,的确别有一番风味。书上配有精心设计的洞洞,还能探索,更加增加了阅读的乐趣。

二、有效的亲子共读

今天我们读 *Report Card*《报告单》这个小故事。读完后,我问孩子:"为什么 Pat 小时候报告单上说的内容和他现在做的是一样的呢?"

孩子也在思考着,他幼儿园时和现在一样,也是喜欢去邻居家串门!思考后,孩子并不明白,就来问我。

于是,我就开始跟孩子说:"有句话叫作'三岁看老'。什么意思呢?那就是颉米现在很聪明的话,长大了也很聪明;颉米现在很能干的话,长大了也很能干;最重要的是,颉米现在很善解人意,长大了也依然会善解人意的。"

听我说到他自己,他很感兴趣,连忙问:"妈咪,什么叫作善解人意啊?"孩子这么一问,我就很开心了。我马上认真地解释:"善解人意啊,比方说,要是因为你表现不太好,妈咪生气了,你马上就能改正缺点。"稍微停顿下,看孩子的表现。"又比方说,你看,今天妈咪真的很累了,很想睡觉,你很理解我,马上就陪我睡觉,这就是善解人意。"

听我说完,孩子就立刻停止一切活动,陪我入睡了。

博士后妈妈有话说：

如何开展有效的亲子阅读呢？

首先，给孩子营造一个阅读的环境，是非常重要的。周末，一有空我们就会走图书馆。每次到图书馆，孩子都是很兴奋的，但是他更多的兴趣点在于挑书，拿到书坐下来读的时间并不多。或许是因为时间紧迫的原因，他总会兴奋地在各个书架上取书，而后拿过来跟我分享。而我则专门坐在一个书架边，慢慢地挑选每一本书。瞧！在这么多小朋友读书的影响下，孩子也自然拿起书来认真阅读，不需要我过多地为他朗读，他都是先自己阅读，在遇到困难时才请求我的帮助，就这样，一个上午很快就过去了。

其次，尊重孩子兴趣与家长有意安排相整合，是陪孩子读书的另一个重要方面。当我们发现家里的书越来越多时，有些书会常常受到孩子青睐，而有些书则几乎不会被孩子选择。这其实是因为孩子都有一个特点，有着固执思维模式的认知特点。例如我家孩子喜欢高铁，喜欢飞机。抓住孩子兴趣点是很好的，但是也不能仅仅只限于读这些书，因为其他的书，历史、文学、地理、人文等等，也应该被孩子了解与掌握。于是，我会在每周整理下必读书目，放在床头。选读书目，则是孩子自己依据兴趣来自由挑选。

最后,怎么陪孩子读书呢?根据阅读对象来进行灵活调整。画面多文字少的,让孩子自主读,我当听众,偶尔提提问;画面不够精彩文字多的,我认真读,孩子当听众,通过提问与孩子进行交流互动。

所以说,读书不是为了读书,而是为了生活,请记得与自己的生活联系起来进行阅读。

那么,适合0—6岁孩子读的书有哪些呢?儿童心理学的研究认为,绘本是最适合0—6岁孩子阅读的图书形式。读绘本,对培养孩子的认知能力、观察能力、沟通能力、想象力、创造力,还有情感发育等,都有着难以估量的潜力。一个好的绘本故事,往往能把人的心灵点亮,给人一种世界都变纯净了的感觉。

如何与孩子一起阅读绘本?经过我们的尝试,发现比较有效的方法有:

1.绘声朗读

家长投入情感,用心、夸张地朗读,在朗读时可以加强互动,注重认知培养。可以时常提问"为什么",锻炼孩子的思考能力,注重因果等逻辑关系。适当提供"假如……",让孩子逆向思维一下,发挥想象力。

2.角色扮演

与孩子一起扮演绘本中的角色,让孩子融入故事中,学习体验身为不同角色状态下的情感,有助于建立孩子换位思考与共情的能力,对事物有更好的认知。

3.主题阅读

今日我们开始群文阅读了。孩子对 space(太空)感兴趣,所以我们开始探讨 space(太空)。

三、怎样给孩子选书

最近,我跟着孩子一起阅读了《夸父逐日》《后羿射日》等系列神话故事。为什么我会选择给孩子读神话故事呢?因为读《夸父逐日》,可以让孩子看到夸父敢于和看起来难以战胜的力量做斗争;读《后羿射日》,可以让孩子看到后羿的勇气与力量;读《精卫填海》,可以让孩子明白与命运抗争是值得称颂的……我相信,慢慢地,孩子心中便会有"勇敢""努力抗争""奋斗拼搏"的精神信仰。

如今,可供孩子们阅读的图书浩如烟海,作为家长,我们应该如何给孩子做出选择呢?

博士后妈妈有话说:

我们一直在阅读,都认为只要孩子在读书,那就一定是好的。大家都说,养成阅读好习惯,受益终身。那是不是只要孩子在读书,就一定好呢? 我认为,作为父母还是要更细心地引导,原因有二:其一,读书有层次之分;其二,读的书有好也有坏。

之前我是很喜欢买书,也很喜欢给孩子买书,但随着孩子年龄的增长,我越来越感觉到书不能随便买,书也不能随便读的重要性。

以前没有进入高校系统,对"书"是无比的崇拜和敬仰,觉得只要是书,就是权威、就是财富,每每都会当宝贝一样来对待。但如今,越走近它越发现,原来"书"是存在着水平差异的。这是其一!

更重要的是,随着知识信息爆炸时代的来临,越来越多的粗制滥造之书出现在市场上,对于我们孩子来说,他们是不具备筛选和甄别能力的。所以,我愈来愈想跟自己和家长们说:"书慎读。"

读书对孩子的影响是潜移默化的,因此,我们有责任和义务来为孩子选好书。怎么选书呢?

我主张科学地选书:

第一,要适合孩子。根据孩子的年龄特点和认识水平来选书。

第二,要有权威性。无论是什么时期的书,包括早期的绘本,我都是一直推崇经典。

第三,能反复读的书。一本好书,绝对具有反复阅读的价值。

切记,读书终究是为了明理,明理是为了修身,修身是为了力行,而不是为了享乐。如果我们把读书定位为享乐、休闲,那与打游戏相比,也高级不到哪里去。

第二十三章　育儿就是培养气质

一、气质培养的关键在早期教育

的确,或许仅从知识和能力的角度来看,早期教育的价值常常被人质疑,最近还有研究表明,说提前教育的孩子在进入到小学三年级之后,就没有明显的优势了。虽然这个还未有定论,但是我始终坚持在儿童成长早期如此用心地育儿,其原因只有一个:我以为,早期育儿最重要的就是培养孩子的气质。

博士后妈妈有话说:

为什么我会坚持如此用心地育儿? 为什么如此重视早期教育? 原因只有一个:我以为,早期育儿最重要的就是培养孩子的气质。或许孩子的外貌是天生的,智商的大部分也由基因决定了,但我坚信,气质却是能够培养的,也是需要培养的!

且我以为，气质就应该从小开始培养起来的。

如何培养气质呢？方法策略也很多，但我相信有简单的那么几条，我们是可以坚持的：

1.带着孩子多学习。自古就有"腹有诗书气自华"之说，读书能够培养气质，绝不虚假，所以我们要坚持阅读，养成爱读书的好习惯。

2.要求孩子讲文明。从言谈举止开始，有气质的表现就在谈吐之间，因此，从孩子的文明语言和文明行为规范开始，严格要求。

3.注意孩子的形象。有句俗话，"人靠衣装，佛靠金装。"曾经我也专门论述过孩子外在形象的重要性，其实，从孩子有自我意识开始，我们就应该有意识培养孩子的审美意识，不求奢侈，但求优雅。

4.追求高雅艺术熏陶。或许我们没有时间、没有金钱带孩子去欣赏高雅的音乐会，但是我们可以随时在网上给孩子下载高雅音乐。我相信，孩子的审美水平一定会比我们这一代高。

二、儿童的艺术气质如何养成

今日，我带着孩子去郊外踏青，在出门前，孩子就准备好了自己的 iPad，说要记录下高铁的样子回来给大姨看。这时候，我才发现,孩子不知道什么时候自己已经摸索出怎么拍照了,很有意思。我想,没有什么比"摄影"更能启发孩子发现美了。于是,给孩子再次演示了一下拍照的技术和基本方法。

一大早,孩子就背起自己的小书包跟着我出门了,一路上不停地用小眼睛去发现。到高铁上坐定,孩子就拿出自己的 iPad,把对面的高铁拍下来。过隧道时,他说要拍下黑夜;过完隧道后,他又拍下了小山。在野外,见到江河、桥、森林直接将情景与《爱探险的朵拉》链接起来,一直跟我说,要去"Yellow valley(黄山谷)",该怎么走啊? 还假装自己的背包里有望远镜,最后就用自己的手来当望远镜了。

博士后妈妈有话说:

整个过程中,我都十分注意与孩子一起去发现,发现各种美的事物。我想,对于小孩的审美启蒙,并非一定是要在艺术博物馆进行,生活中的审美教育也是很重要的。怎么做呢?给孩子一双发现美的眼睛,培养审美意识。只要孩子在我们身边,我们随时可以用夸张的口吻、夸张的表情来告诉孩子,我们发现"美"的事物了。

教孩子传播美的方法,增强审美能力。让孩子学会使用相机,来捕捉生活中美的事物,的确是一个不错的策略;同时,给孩子机会,让孩子用语言来描述和表达美,更是一种很好的方法。

审美意识的提高当然也只是艺术气质培养中的一个重要组成部分。那么,究竟什么是艺术气质呢?事实上,这是一个很抽象的概念。可以描述,但难以下定义。具有艺术气质的人,言谈举止更加优雅;具有艺术气质的人,更懂得欣赏美和创造美;具有艺术气质的人,情感更加丰富。

那么,如何培养孩子的艺术气质?

1.可以让孩子尽早接触艺术。我从孩子很小的时候,就坚持与他一起聆听古典音乐、各种交响乐;观摩或者欣赏各种艺术作品。因为我相信,接触艺术是培养艺术气质的第一步,也是很重要的一步。

2.采用各种适当方式对孩子进行感官训练。审美就必须要有敏感的感受力,感受就要靠人的感官,因此,从婴儿出生开始,我们就可以进行感官训练:观察各种色彩、造型、结构等刺激视觉感官;聆听音乐的各种风格、节奏,刺激听觉感官;触摸各种材质,刺激触觉感官。

3.努力加强孩子的艺术审美体验。带孩子到大自然中,多看多听,让孩子在现实生活中了解色彩、线条、平衡、对称、节奏、韵律等美的要素,从而培养孩子对审美要素的感受力。

4.一定要给孩子艺术的空间。不要过早地给孩子设下条条框框,应给孩子一定的自由,多创造机会让他接触不同的事物,抓住时机给孩子以科学的指导。比如,孩子想"涂鸦"了,我们就把笔和纸交给孩子,让他自由地画画吧,让孩子画画的要求得到满足,并刺激孩子视觉的发育。

5.兴趣是最好的老师。当我们发现孩子对某方面感兴趣时,我们就有意识地进行引导和培养。先激活和发现孩子的兴趣,而后进行兴趣的培养。这时,成年人的监督、陪伴、引导作用就显得尤为重要了。我们有的父母也会跟着孩子一起培养艺术特长,这未尝不是一种好的办法。

我切实感受到了:艺术是为生活而存在,生活中必有艺术。因此,我非常推崇的就是:与孩子一起成长,一起进步,一起创造更加优雅、高品质的艺术生活。

三、不懂音乐的家长如何进行音乐启蒙

今日颉米在课堂上的表现,证明了我一直在摸索的音乐启蒙方法还算有效。在课上,与其他同年龄的小朋友表现不同的是,颉米完全能够跟着老师一起完成所有的音乐游戏、动作,最棒的还是大胆地演唱了两首歌曲:《小毛驴》和《小草》,其他家长对孩子的表现都是赞不绝口。

那么,不懂音乐的我究竟是如何给孩子音乐启蒙的呢?

博士后妈妈有话说：

相信大家都会认可"早期音乐启蒙"对孩子发展的重要影响：听古典音乐能够让性格蛮横的孩子变得沉静，还能提高注意力，因为古典音乐能让孩子产生阿尔法脑波；音乐更是一种优秀的沟通与表达工具，拥有音乐表现力的宝宝会勇于表达、更加自信、性格更开朗，社交能力也会更强。因此，我从孩子很小就十分重视对他的音乐启蒙。

我真的不太懂音乐，但我知道音乐的重要价值，于是我开始摸索适合颉米的音乐启蒙方法。我觉得比较有效的方法大致有：

第一，听觉输入——与孩子一起听肖邦、巴赫与贝多芬等名人的古典音乐。在家里、手机里、车子里，只要是能播放音乐的地方，我都会放上这些碟片，一有机会就播放，与孩子一起欣赏。这样的熏陶真是越早越好。

第二，游戏引导——购买了沙锤、响板等打击乐器，唱儿歌的时候我们都会用上这些打击乐器，培养孩子的节奏感。

第三，融合阅读——在早期的绘本阅读中，我们十分关注音乐绘本的选读，与歌曲匹配的绘本能够让孩子边读边感受音乐，效果不错。

第四，创作故事——例如，在《陪着乌龟去散步》里，小兔子的名字叫 Allegro(快板)，乌龟爷爷的名字叫 Lento(慢板)；狮子与老鼠的故事，等等。

可能还有许多更好的方法，真心希望我们的家长能够更加重视音乐启蒙，自己不太懂音乐没关系，最关键的还是要营造环境与氛围。

第二十四章　呵护儿童的诗性

一、儿童就是天生的诗人

"妈咪,我在舔雨,雨是甜甜的。"

"妈咪,我要把月亮摘下来做冰激凌,把星星摘下来做饼干,把云朵摘下来做面包,把太阳摘下来做饮料……"

"妈咪,我想要给宇宙打个电话,电话号码是多少啊?"

……………

最近,总是会听到儿子说出诗一样的语言。

博士后妈妈有话说:

这诗一样的语言让我不得不反思,现代教育中做得还远远不够的部分:那就是呵护儿童的诗性。

首先,我们要认识到:儿童如诗,儿童是富有诗性的。美国诗

人西尔维娅·普拉斯曾专门写了一首关于孩子的诗,让我们一起欣赏下:

小孩

你清澈的眼睛是绝美之物。

我想让它装满色彩和鸭子,

物物新奇的动物园。

你不停思索它们的名字——四月的雪铃花,水晶兰,

无皱纹的小叶柄,

倒影理当华美典雅的水塘,

而非这因苦恼而

拧绞的双手,

这暗无星光的天花板。

还有泰戈尔的诗《孩子的世界》:

孩子的世界

我愿我能在我孩子自己的世界的中心,占一角清净地。

我知道有星星同他说话,天空也在他面前垂下,用它傻傻的云朵和彩虹来愉悦他。

那些大家以为他是哑的人,那些看去像是永不会走动

的人，都带了他们的故事，捧了满装着五颜六色的玩具的盘子，匍匐地来到他的窗前。

我愿我能在横过孩子心中的道路上游行，解脱了一切的束缚；

在那儿，使者奉了无所谓的使命奔走于无史的诸王的王国间；

在那儿，理智以她的法律造为纸鸢而飞放，真理也使事实从桎梏中自由了。

在儿童的眼里，一切都是有生命的、有灵性的。孩子的世界是诗的世界，美好的世界。所以我愿意用尽全力去走近儿童的世界，从而弥补自身诗性的不足，因为英国浪漫主义诗人华兹华斯在《彩虹》诗中写道："儿童是成人的父亲。"儿童能引领我们成人重新找回人的诗性。

当我们认识了儿童的诗性，我们就应该竭尽全力去呵护儿童的诗性。请记得给孩子读读诗，请别忘了与孩子一起品味诗一样的故事。

二、陪孩子诗意地栖居

清晨，当孩子睁开惺忪的睡眼，我报以甜甜的微笑，而后问他："Guess, What's the weather like today？"（宝贝猜一猜，今天天气怎么样？）于是，我们在猜测的游戏中翻开了新的一页。

饭后，孩子拿着一本书到我面前让我阅读，书的名字非常美——*Ancient Rhymes...Dolphin Lullaby*《远古的旋律，海豚摇篮曲》，这是我最爱的约翰·丹佛的名曲之一。我尝试用中英文双语有感情地朗读给孩子听，不求孩子能听懂语言的意思，但求孩子与我一起感受语言文字所带来的美的体验。孩子静静地在一旁认真地聆听着我的朗读，仔细地看着书中的图画，似乎他都能听明白似的。或许，这就是所谓的诗情画意，不需要太多理性的思考，只需要用心感受即可；或许，这就是生活的另一种状态，不要问结果，只在乎过程。

晚上，这是我第一次给孩子读这么长的故事——*You Are My Child*《你是我的孩子》。我从来没有想到过，孩子能够听完这么长的故事，这是一个意外。故事里的中文大约有 3000～4000 字，英文也有这么多，但是孩子却十分专注地将整个故事听完。这是一个耐人寻味的故事，故事中的胖胖为了追求外在的事物——球和盒子，不惜牺牲自己的休息时间、身体健康、房子，甚至还有朋友，直到最后一刻，回到创造它的人身边时，才真正意识到，幸福不是去追求所谓的功名，幸福就是追求内心真正快乐的本真。这完全是一堂人生的课，我与孩子一起去学习与体会。

睡前,我与孩子一起创造了诗歌:

是谁?

是谁?——给予了我们生命。是阳光、是雨露、是空气……

是谁?——赋予了我们智慧。是母亲、是祖国、是海洋——颉米接——是沙漠……

是谁?——送给了我们快乐。是风、是雪——颉米接"是冰激凌"……

博士后妈妈有话说:

与孩子一起生活,我们大人应该努力摈弃一些理性的思维,努力回归童心,与孩子一起想象,一起变得无逻辑。

我记得,与孩子在阅读绘本《变变变,去散步》时,我就和孩子一起幻想,那种感觉是非常奇妙的。遇到黑暗的隧道,我们变成蝙蝠,就能勇敢地飞过去;遇到高高的游乐场,我们变成猴子,就能欢乐地跳跃;在沙坑里,我们变成小猪,享受滚来滚去的自由……最后,要吃饭的时候,我们还是变回人。

与孩子一起想象、阅读、表演,慢慢地,我们应该能找回一些诗性。

随着物质时代的飞速发展,功利的、现实的、理性的、实用的、真理性的……这种生存方式把我们成人的诗性严严密密地封锁住了。

有人说:"在上帝的眼里,成年人都是盲人。"那么,迷茫之中如何寻找光明?左眼是诗歌,右眼是儿童。

让我们一起诗意地栖居吧!

三、在"单调"生活中寻找幸福

自己每天上班下班,孩子每天上学放学。

吃饭睡觉,朝九晚五,日复一日,生活单调,想想都让人觉得乏味和无聊。

如此一来,我们生活的幸福从哪里来?

博士后妈妈有话说:

在这种单调的生活节奏里,我们却需要寻找到"快乐"和"幸福",如何能做到呢?

1.音乐与幸福生活

每天一样的早起,让不同的音乐陪伴,早起的颜色也就变得丰富多彩了;每天一样的刷牙、洗脸,配上自己喜欢的音乐,生活就变得更加幽默诙谐了。

我们虽然不是艺术家，但是要拥有艺术家的眼光，持有艺术家般的心态。

2.创作与幸福生活

当"单调"遭遇"创意"，一切就会发生化学反应。在同样的生活世界里，只要加入一点点"创作"的调味品，生活就会变得更加甜美。我喜欢和孩子一起创作，创编儿歌，创编游戏……让我们的生活充满了惊喜与快乐。

3.阅读与幸福生活

阅读是幸福生活的源泉，靠什么来让我们的生活世界变得更加充实、更加丰富呢？阅读就是一个不错的选择。每天进行阅读，养成习惯后，我们会发现"阅读"就是生活中不可或缺的一部分。

4.目标与幸福生活

和孩子一起确立小目标，每次朝着目标去奋斗，让我们觉得充实；目标完成后产生的成就感，会增强"幸福感"指数。这或许是让单调生活变得幸福的另一种调味剂。

让我们在每天的单调中寻找幸福吧！

第二十五章　让孩子爱上学习

一、孩子的兴趣是可以培养的

最近这几日,我一直在尝试一件事:努力培养孩子对篮球的兴趣。没想到,原本对家里的篮球架视若无睹的孩子,今晚一回到家,就表现出了对篮球的极大兴趣,反复练习投篮。直到我要求洗澡时,他还有些不肯离开。

兴趣是不是真的可以培养呢?

博士后妈妈有话说:

从孩子打篮球这件事,我真正体会到:孩子的兴趣是可以培养的。因此,为了能更好地培养和激发孩子的兴趣,我们需要了解兴趣是什么,它究竟是怎样产生的?

什么是兴趣? 所谓兴趣,就是对事物喜好或关切的情绪很强烈,能够在接触事物的过程中产生愉快的情绪。这是情绪意义上的"兴趣",这种兴趣就能促进一个人对某种事物的持续性了解、接触和认识,甚至进入深度研究。所以常常会听到大家说"兴趣是最好的老师"。而当一个人对某事物的兴趣长期稳定后,就会形成深层次意义上的兴趣,那就是这个人的个性倾向性。简而言之,心理状态层面的兴趣,经过长期的坚持后,就可能转化为个人的个性。可见,兴趣的培养和激发是很重要的。

我们来看看,在人的大脑机制里面,兴趣是如何形成的。我们大脑中有个部位叫杏仁核,它属于大脑边缘系统。它可以产生、识别并调节情绪,还可以控制学习和记忆。当我们遇到兴奋的事情时,杏仁核就会分泌多巴胺这样的神经化合物,继而激活大脑的奖赏回路,产生兴奋快乐的感觉。如此一来,想要让孩子对一件事物产生兴趣,就要使它能触发杏仁核分泌多巴胺,继而激活奖赏回路才能获得。因此,我们主张在培养孩子兴趣的过程中,多创造条件来让孩子获得积极的情绪体验。

很多专家都表示,兴趣并非天生存在的,而是在我们不断与周围事件和人的交往互动中所引发的。这些能够激活我们大脑的奖赏机制,最终将塑造我们的兴趣。换言之,我们的兴趣是由一系列能够刺激我们的感官通道,进而激活并把我们积极情绪体验的"情景网络"培养起来的。

基于此，我主张，作为孩子的引路人，我们首先需要甄别孩子的个性特质，尽早发现其天赋潜能，进而有意识地营造情景、创造氛围，带着孩子去经历、去体验，从而帮助孩子培养其兴趣。

为什么我会选择与孩子一起玩篮球呢？因为我的孩子是比较好动的，而篮球是一种方便易行、适合男孩的运动，我就决定培养他对篮球的兴趣。一开始采用与孩子比赛的形式，每次他投篮成功就给予奖励，慢慢地过渡到为孩子数数、捡球，孩子在获得成功后的那种积极体验，帮助他进一步维持兴趣。

经验告诉我们，兴趣真的是可以培养的。

二、努力将孩子的兴趣发展为一门特长

儿童节到了，朋友们纷纷问我，给颉米买什么礼物好呢？他最喜欢什么啊？我想都不用想就回答了：飞机。

颉米对飞机的喜爱程度，绝对可以用着迷来形容，无须大人去督促和引导，他每天放学回家要做的事情必有一件：研究自己的飞机以及看各种飞机视频。尤其爱看那种飞机组装以及起飞降落的视频。于是，我们可以基本判断，这至少是孩子的一个兴趣点。

那么，如何引导孩子的兴趣进一步发展呢？

作为家长，我常会思考，能否让孩子的兴趣发展进而变成他的能力呢？因此，我想聊的是，怎样能够帮助和引导孩子，将其兴趣发展为能力或优势。

第一，尽可能地给孩子营造兴趣发展的氛围。就像刚才我说的，买礼物我都会考虑往孩子的兴趣上去靠，每次我出差，都会把各种飞机拍下来，回来与孩子分享；出去旅行，也首先考虑航空航天博物馆之类的。总之，一句话，先努力让孩子浸泡在与飞机有关的各种感官体验中。

第二，家长也需要有意识地研究孩子的兴趣，给孩子适当的引导。根据孩子的兴趣，我也给孩子挑选了一些合适的书本，并带着孩子一起阅读，《飞机的秘密》《飞机为什么会飞》，等等。在阅读的过程中，增进孩子对飞机基础知识的了解。同时，我了解了，"飞机"属于航空学领域，它包含的学科领域有：空气动力学、飞行力学、飞机结构力学、航空发动机原理、航空材料学、航空器制造与工艺学、飞行自动控制理论、导航原理和领航学、航空电子学、航空系统工程、空中交通管制理论等。这些有待在陪伴孩子玩耍的过程中，不断去探究。

第三，设计任务驱导孩子兴趣的升级。只要家里来客人，我都让孩子用飞机来测试别人，让他产生成就感，他会测试大家对飞机标志的了解，对飞机结构的了解，等等。然后，通过飞机场、执行飞行任务等，来帮助孩子升级兴趣。

如果说兴趣是最好的老师，那么，家长有责任和义务来引导孩子兴趣的发展，进而发展成孩子的优势。

三、不能为了成绩而把孩子的兴趣弄伤了

今天我跟美国教授学习了一整天，无意中聊到了中美家长关于教育观念的差异问题。我告诉他：目前我们的大部分家长还是过度关注孩子的成绩问题，并且总是在竞争状态下让孩子超前学，超负荷学。教授则告诉我：在美国家长的理念中，想让孩子学哪样，得先让他喜欢哪样。这意味着，他们认为学习兴趣比学习了多少要重要得多。

我马上说："我们以为，兴趣是可以培养的。"然而，教授又给我分享了一个他自家的故事。他家的两个小孩从小学钢琴，也练得不错，是在州里拿过名次的。然而，长大后，家里的三角钢琴就是摆设了，两小孩再未碰过钢琴。事实上，在美国，小时候学钢琴最多的是中国人，长大后或者变老后，还在玩钢琴的人就变成美国人居多了。为什么？

博士后妈妈有话说：

　　教授的观点是，不能为了成绩而把孩子的兴趣给弄伤了。

　　仔细一想，现在的确有许多的孩子正在学习这学习那，学着学着变成被强迫，而后心灵受到伤害，等到不用学了的时候，这东西自然被束之高阁了。不要让"学习"成为孩子们痛苦的回忆。

　　因此，我想，教育最根本要解决的问题，还是让孩子想学。所有家长都需要把握好度。

四、小孩的"屎尿屁"哲学

　　很多家长都和我一样，可能会发现自己的孩子进入了一个对"屎尿屁"特别感兴趣的阶段。

　　每次我在发微信的时候，宝宝就冒出来说，"我要发一个便便。"每次听到谁放屁了，他就要乐好一阵子。

　　为什么大多数孩子都会对"屎尿屁"那么感兴趣呢？

博士后妈妈有话说：

　　许多家长或者不太懂儿童心理的家长，觉得孩子是在说脏话或者不文明，其实不然。"屎尿屁"对于小孩来说，有着特殊的哲学意义。

首先，我们要知道，在3—5岁孩子的眼里，"屎尿屁"究竟是什么呢？细心的父母会发现，小宝宝在如厕后，会观察自己的排泄物，这就好像是他们自己的作品一样。颉米每次便便后，就会跟我描述，这个像香蕉，那个像字母L，还有像气球的，等等。这些都说明，"屎尿屁"在孩子眼里，是通过自己身体创造的作品，这是对人体的深度感知。紧接着，孩子的性意识也开始萌芽。说实话，这段"屎尿屁"兴趣阶段，是孩子发展的必经阶段，父母不必紧张，淡然处之，适当引导即好。

其次，我们还要知道，为什么他们会对"屎尿屁"特别感兴趣呢？孩子在拉尼尼、撒尿的过程中，都会产生"排泄引发的快感"，这是孩子自己的秘密，他从中能获得与他人区分的感觉，于是他感兴趣。另外，更能激活孩子兴趣的是，只要一谈到"屎尿屁"，大人们就很紧张，异常紧张，于是孩子觉得这个是引发轰动的事物。比方说，听到一阵尴尬的屁响，大人们是不愿意提及的，然而孩子就会大声说出来，接着就引发了一阵笑声。这对于孩子来说，自然是件有趣的事情。理解孩子之后，我们尽量淡化紧张，尽量避免轰动，孩子自然慢慢就淡化兴趣了。

最后，我还特别想探索的是，这段时期，我们有的孩子尽管对"屎尿屁"感兴趣，但轮到自己要大便的时候，却羞于启齿，导致很多时候延误大便时间。有些不明原因的家长甚至还担心自己的孩子生病了,到处寻医。像颉米,每次要大便的时候,始终都不说出"大便或拉尼尼"这几个字,总是绕着弯来表达。例如,他会跟我说,"向前走,左拐。"(告诉我去厕所的路,暗示我他要上厕所了。)或者说,"妈咪,我想要尿尿了。"又或者说:"我想这样向前坐着。"他也是用心了,想尽各种委婉表达的方式来达到目的。我们也要根据对孩子的观察以及时间的推断,来判断他是否要大便。这对于我来说,也是一件特别有趣的事情。

孩子就是孩子,他们的生活哲学也是丰富多彩的,值得我们继续去探究。

第二十六章　如何促进孩子的思维力

一、用对话促进孩子思维的发展

这几天,孩子的语言表达能力在迅速提高。一时间,感觉他似乎能够把自己想要表达的内容都表达出来。在这个过程中,可能更需要我们去关注孩子表达背后的思维方式。

那么如何通过对话来促进孩子思维的发展呢?

博士后妈妈有话说:

一直以来,我都主张,"语言就是思维"。当我们听孩子表达或者我们自己给孩子表达什么的时候,这背后反映的就是某种思维方式和思维水平。

因此,陪伴孩子长大的过程中,我需要非常关注我和孩子之间的对话和交流,尤其是我对孩子的提问方式。我想在此重温一下我提过的思维三层面问题：

第一，感知觉层面的思维推理问题——常问孩子：What is it? What do you hear? What do you see? （客观层面——这是什么？你听到了什么？你看到了什么？）How do you feel? （主观感受层面——你感觉怎样？）

第二，记忆加工层面的思维推理问题——与孩子在一起，可以常问：What does it look like? Where did you see it? When did you see/hear that? （它看起来像什么？你在哪里看过它？你什么时候看到过？/听到过？）

第三，价值观信念层面的思维推理问题——在合适的时候，我们需要与孩子这样对话：先描述现象，然后十分好奇地问孩子，Why? What if ...? （为什么会这样呢？为什么这个是这样，那个是那样呢？如果……会怎样呢？）

孩子思考的内容越来越丰富了，思考的关系也越来越复杂了，愈是如此，我们愈要关注孩子的思维。与孩子交流的过程中，我们需要反思的是：孩子正在思考什么，他是怎么思考的？他的思维方法是什么？他的价值观信念是什么……

我以为，经常思考的人是最有魅力的，不要觉得思考很累，其实就像小时候老师教的，脑筋是越用越灵活的。我们需要与孩子一起学会思考。

二、陪伴孩子的关键是让思维动起来

今日和孩子们去登山，在山底下就望见了一座铁索桥。司机给我们介绍说，很多人因为胆小而不敢过那座桥。这就让我们的孩子产生了恐惧。尤其是大孩子，一路都在问："爷爷，你敢过吗？"自己一路在担心、恐惧、忧虑，谁知道到了那里，走上铁索桥才发现，其实就是那么回事，一点儿也不可怕。结局是，孩子们兴奋地在铁索桥上唱歌、跳舞，老大还特意摇动铁栏杆，但发现它真的很结实。回来的路上，我问他："经过今天的探险，你发现了一个什么道理呢？"孩子开始思考，趁机我就给他分享"心理放大器效应"的观点，人们其实对于亲眼未见的事物往往会扩大心理的想象。

博士后妈妈有话说：

有人问我，陪孩子最重要的是什么？我反复思考后得出的答案就是"要动脑筋"，那就是一定要让自己和孩子的思维动起来。

"我是谁？""人的意识从哪里来？"随着认知神经科学研究的发展，人们对"意识"的探索有了物质基础，从而让那曾经缥缈而不可触摸的"意识"有了根基。当前的研究表明，意识与大脑神经细胞的活动是密切相关的，其实每个人的大脑里面有着上千亿个神经细胞,它们每时每刻都在活动,能成为自我意识的则是很少一部分。这启示我们,大脑的潜意识以及思维前空间还很大,值得发掘。

事实上,在平时陪伴孩子的时候,我都十分注重"思考",我会通过自己的提问来引导孩子思考,"为什么?"是我常问的问题。当然,要让孩子思维动起来的前提是家长自己也要思考。记住,人的思维也是有惰性的,我们需要努力去克服这种惰性。

三、幼儿的概念学习可能吗

站在我家阳台上,常常能见到汽车、飞机、地铁等。和孩子一起观察的时候,我会这样问孩子:"飞机、火车、地铁、汽车,它们都能载着人跑,人们把它们统称为什么呢?"

又如,颉米见到了"蟑螂",我告诉颉米这是"害虫",紧接着问:"请问害虫还有哪些呢?"这另外一种提问法更深入地引导孩子理解概念。

小孩应该怎样进行概念学习呢?

 博士后妈妈有话说：

什么是概念学习？就是指孩子学习把具有共同属

性的事物集合在一起并冠以一个名称的过程。概念学习能帮助幼儿找到同类事物的共有特性，是幼儿认知的重要思维工具。

在孩子语言逐步发展与成长的过程中，我十分有意识地引导孩子进行概念学习。该如何引导呢？主要还是通过各种提问来实现：

第一，抽象概念的学习。记得第一次颉米问大姨"什么叫'文明'"，我就开始注意到孩子对概念的求知欲了。于是，我努力探寻适合幼儿的概念学习指导方法，其中，关于"抽象概念"的学习，最好的方式是融入日常的生活指导中。昨晚在饭店里，吃过饭离开的时候，颉米将手中的卫生纸扔到饭店里的垃圾桶里，老板夸孩子真懂事。我马上说："这就是文明的孩子。"尽管文明这个概念很早就已经开始在颉米的概念系统中存在了。

第二，二级概念的学习。如前文所述的"交通工具""害虫"概念，可以用"害虫还有哪些呢？""你还能想到哪些交通工具？"这种提问来引导孩子理解概念。

第三，科学概念的学习。雨是孩子从小就喜爱的，我会引导孩子观看天上的云，问："为什么天上会有雨呢？雨是怎么来的呢？"我们用生动形象的动作来描述带有正电子与负电子的云朵相撞的过程，而后产生闪电、雷和雨。这些概念的学习能帮助孩子发展思维能力与语言表达能力。

四、家长要学会提问

在我和孩子相处的过程中，我会努力学会提问，并用心来提问，以期通过提问来促进孩子思维的深度、缜密度、宽度等的发展。现分享今日的三个提问故事：

提问一　关于动物的保护色

孩子批上我的围巾在路上走，他忽然说："我像一只北极熊。"于是，我马上提问："北极熊是什么颜色的？"

"白色。"

我接着追问："请问，为什么北极熊是白色的呢？"

孩子想了想，回答说："因为它很冷。"

我接着问："请问北极熊生活在什么地方啊？那里冰天雪地，周围都是什么颜色的呢？"

颉米说："白色。"

顺着这个回答，我引导他，"周围是白色，北极熊也是白色，这样你能很快在雪地里发现北极熊吗？"

"哦！白色就能保护北极熊不会轻易被敌人发现了。"

我接着问："那么，颉米，你能告诉妈咪，为什么青蛙是绿色的吗？"

孩子说："因为青蛙生活在草地里。"

"嗯，你真棒！有种动物，遇到不同颜色的地方就会变成不同颜色的,那是什么?"

颉米几乎不用思考,立刻回答:"变色龙。"

"好的。那么,我们现在总结下,像北极熊啊、青蛙啊、变色龙啊,它们都会跟着周围环境的颜色来形成自己的颜色,这个是动物的什么现象呢?"

有难度了,但我给孩子思考的空间,他提出了多种方案,我都表扬他,最后我还是告诉他,这叫作动物的保护色。

提问二　关于宝岛台湾

书本上有提到"台湾",我马上问孩子:"台湾在哪里?"于是,我们开始了中国地图以及中国历史的研学之旅。孩子在地图上找出了台湾,我说:"对了,这是台湾岛。"颉米问:"岛是什么?"我回答,"你看台湾岛周围是什么啊?"他发现了,都是海洋。于是我们得到了岛的定义。接着,我开始给孩子讲起了中日战争史以及国共两党战争史,孩子听得津津有味。

提问三　关于水池

我们在湖边散步,我对颉米说:"这个叫湖。其实这就是水池,只不过比一般的池塘大。"紧接着,挑战来了。"请问,最小的水池叫什么?""水坑!""再大点儿叫什么?""水塘!""比水塘再大呢?""叫湖。""那么,最大的水池叫什么?"孩子回答我:"大海!"顺着我的提问,颉米就来提问我们,"请问,大海里面有什么?"还没等我们开口回答,孩子就自问自答了,"有<u>鲨鱼</u>。我见过一只很大很大的<u>鲨鱼</u>。"

博士后妈妈有话说:

每次我跟孩子出去散步,或者是陪伴孩子的时候,我都会喜欢提问,因为我认为,提问是促进孩子思维发展的最佳策略。一个好的问题能够引发孩子的思考,这就促进了孩子大脑的运动。其实大脑也和人的肌肉一样,是需要锻炼的。

截取今日几个小场景,以此来帮助自己反思和提升提问的技巧和策略。一般来说,我会把问题分为四类:

1.价值观层面问题。这类问题,一般会问,"……应该不应该?""……好不好?"

2.知识层面问题。这类问题,一般会系列地问,"为什么?"

3.方法层面问题。这类问题,一般会问,"怎么做呢?"

4.本质层面问题。这类问题,一般会问,"这是什么?"

第二十七章　如何培养孩子的专注力

一、幼儿"专注力"的本质是"注意力"

孩子一天天在长大,慢慢地需要学习更多的知识和本领了,这时候社会、家庭以及幼儿园就开始对孩子提出了各种学习要求,从而使大家的注意力都开始转向孩子在学习过程中的专注力问题。

我们希望孩子看书时,能认认真真地持续性看着书本,只要孩子在动,或者眼睛不看书本,我们的第一反应就是:这个孩子专注力不够。是不是真的是孩子专注力出了问题呢?

博士后妈妈有话说:

说起专注力,作为家长的我们,都希望孩子在学习任何一样东西的时候,都能集中注意力,而且是能长时间集中注意力。关于这个问题,我需要从源头开始拷问,所谓的"专注力"究竟是怎样形成的? 这样弄明白了机制,我们才可能真正帮到孩子。

专注力是我们日常的表达,其实它的本质就是"注意力"。那么,"注意"是什么呢? 它是人对事物的定向活动,是对于某些事物的指向和集中。我们都知道,没有对事物的注意,就不能认识事物。然而,我们总是希望孩子对任何事物都有很好的注意力,这个愿望是美好的,不过,现实是骨感的。

为什么呢? 因为我们必须清楚,即使孩子到了上小学,在7—8岁的时候,"无意注意"都还是占据着优势,"有意注意"刚刚开始发展。所以,我们对孩子的要求真的是比较高了。早期儿童的注意力有着以下特点。1.情绪性。只有让孩子获得积极情感体验的,他的注意力才可能更加集中。2.直观性。直观的,形象的事物,能够吸引孩子的注意力。3.兴趣主导。自己喜欢的,注意力就会更加集中,不喜欢的,则容易转移注意力。

如此看来,作为父母的我们,该怎么办呢? 我们要用心来培养孩子的"有意注意",包括"有意后注意"。

具体来说,两个方面:1.发展孩子对学习的自觉责任感。这个其实真的很重要,不要让孩子是被迫学习,让他自己感到学习是自己的责任,记得常对孩子说:"这是你的责任。"2.发展孩子的有意后注意,这是保持孩子兴趣的重要方法。孩子学了什么,一定要想尽办法让他获得成就感、愉悦感,这样才能帮助孩子保持住注意力。

二、陪孩子"玩"玩具也需要专注

今日，陪孩子一起玩牙科医生的游戏，颉米用一支牙刷，粘上白色颜料，在用黑砂纸做的牙齿上认真涂抹，跟其他小朋友比起来，颉米的专注力表现是最棒的。他十分认真地一个人将牙齿刷得很白很白，不放过任何一个小黑点。这一点让我感到十分安慰。

博士后妈妈有话说：

对于孩子专注力的培养，我们许多家长都知道其重要性，因为"书痴者文必工，艺痴者技必良"。然而，随着信息时代的来临，使人们分心的事物越来越多，即便是成年人，专注力也在日渐减弱。坐在电脑前工作的我们，常常发现一个小时过去了，自己什么事情都没有做，因为在这个过程中被QQ、微信、新闻等各种工具诱惑与打扰。而对于出生在这个数码时代的孩子们来说，他们更是容易分心，思维方式逐渐变得浅表，能够多任务处理却难以深入专注。这让我们深深地忧虑。

于是，我们从孩子几个月玩玩具的时候，就特别关注"专注力"如何培养的问题。

第一,在早期,尽管孩子分心是正常的,但我们很注意,家里有那么多的玩具,但我们每次只拿一两个玩具出来,让孩子逐步集中注意力。

第二,我们注意营造让孩子能够集中注意力在一件事情上的氛围。一般来说,一件事情没做完,是不允许做其他事情的。

第三,少看电视。看电视多了也会影响孩子的专注力,但我也不反对看电视,只是要控制好时间,小时候都是以 3~5 分钟一集的电视为主。

第四,引导孩子认真观察某个物体,认真探索一个问题,家长的引导语就十分关键了。

三、提升孩子专注力的生活小策略

今天放学回家,我给孩子买的"六一"儿童节礼物到了,孩子非常兴奋地拆开来,要进行拼装。这是飞机模型,一共有 652 块大小积木,要拼起来真的不容易。但是孩子的兴趣驱导我们一放下书包就开始拼装。因为孩子小,很多他都不会,但是他会全程参与,帮忙找积木,帮忙拼玻璃窗,拼机翼,等等。从五点半一直拼到八点多,孩子一直坚持下来。时间是有点长了,但是坚持下来所得到的成果也是让孩子相当兴奋。他一直抱着飞机爱不释手。

博士后妈妈有话说：

我们一直希望孩子能够发展起"专注力"，然而总是事与愿违，我们发现，孩子对于每件事，专注度总是不够，尤其是现在的孩子，更是好动，这让很多家长都很忧虑。忧虑之余，就想到送孩子去上个培训班，例如学画画、学手工，又或者还有专门的专注力训练培训班。诸如此类，凡此种种。

孩子成长过程中，我们倡导不要轻易去打断孩子做某件事，这个方面似乎我们家长都能做到；但是，让家长陪着孩子认真坚持地做完某件事，估计就有难度了。

回忆孩子成长的过程，每个阶段，只要是带孩子玩玩具，我都会放下手中所有的事情，全程投入来做，不管是玩彩泥还是拼积木。试想一下，3个小时对工作任务繁重的我来说，的确是很奢侈的，但是我觉得值了！因为我发现，我的每一次示范性参与，都会无形中给孩子带去积极的影响。曾经不怎么会拼积木的孩子，现在也能一个人投入一两个小时，孩子在学习、听讲的时候，都能全神贯注。我相信，这种"专注力"的培养不是在于去上某个培训班，参加一两次活动能获得的，而是在平时生活中慢慢培养的。

记住，每当与孩子做一件事，都要坚持有始有终。

后 记

终于,我在这个"六一"儿童节完成了书稿,将其送给了我的儿子作为节日礼物,以作纪念。此稿落笔成书之时,心中不免感慨万分。

首先,我要感谢我的儿子——颉米(书中的主人公)。这个孩子的诞生本身就是一个奇迹,他历经种种劫难才来到这个世界上。然而他在出生后的每一天,都不停地带给我惊喜,我也在学习当母亲的过程中不断成长。陪伴他成长的每一天,我都是幸福的。从这个孩子身上,我看到了人性中许多珍贵的东西。

孩子自出生开始,就拥有积极向上的动力。他对周围的一切充满着好奇和探索欲望,这份珍贵的好奇心是核心素养之一,我要做的事情就是尽最大可能去呵护、激活和发展孩子的自主性和好奇心。哪怕孩子再小,他也是一个独立的人,具有主体性,作为父母,最需要的是去努力尊重这个小生命,认真观察、努力读懂并给予适切的指引。

孩子天生是善良的,是具有社会性发展需求的。因此,自睁开眼睛后,孩子就不断地在观察和解读身边人的表情,给出一定的反应后,继而再获得反馈和深化理解。人与人之间相处就是从这开始。于是,作为父母的我们,需要努力做好的事情就是要给予孩子清晰的表情与正确的反馈,让他读懂人类社会的前言后语,从而更好地学会与人相处、与人合作,进而发展起社会责任感。

我始终相信,与孩子在一起相处,尊重、真诚和爱是最基本的三大原则。再次感谢我的儿子。

其次,我要特别感谢的是我的家人们,我的父母、我的爱人、我家的兄弟姐妹,尤其是表姐和我的亲师妹彭操红、我的好友吴少平。没有这些家人和朋友们的大力支持,就没有我和孩子健康而幸福的生活,自然也就没有了这些文字。

此时,我还要特别鸣谢关注、关爱我和孩子生活的每一个亲朋好友,我无法在这里逐一记下你们的名字,却会在心中默念。尤其是,从我第一天将育儿日记发布在朋友圈时,所有阅读和点赞的朋友们,都是此书的促成者。没有这些读者的支持,我想,这些文字也难以与读者见面。

最后,我想将这本书献给天底下所有的母亲。愿普天下所有的母亲都能在育儿中成为幸福的人!

左　璜

2019 年 6 月

208